CARPE DIEM
AN'I YAŞA, ESİR OLMA

AŞKIM KAPIŞMAK

04.08.16
Sivas

Carpe Diem / *Aşkım Kapışmak*

© 2015, İnkılâp Kitabevi Yayın Sanayi ve Ticaret AŞ

Yayıncı ve Matbaa Sertifika No: 10614

Bu kitabın her türlü yayın hakları Fikir ve Sanat Eserleri Yasası gereğince İnkılâp Kitabevi'ne aittir. Tüm hakları saklıdır. Tanıtım için yapılacak kısa alıntılar dışında, yayıncının izni alınmaksızın, hiçbir şekilde kopyalanamaz, çoğaltılamaz, yayımlanamaz ve dağıtılamaz.

Genel yayın yönetmeni Senem Davis
Editör Ahmet Bozkurt
Yayıma hazırlayan Burcu Bilir
Kapak tasarım Berrak Hümmet
Sayfa tasarım Eren Onur - Berrak Hümmet

ISBN: 978-975-10-3384-0

15 16 17 18   12 11 10 9
İstanbul, 2015

Baskı ve Cilt
İnkılâp Kitabevi Yayın Sanayi ve Ticaret AŞ
Çobançeşme Mah. Sanayi Cad. Altay Sk. No. 8
34196 Yenibosna – İstanbul
Tel : (0212) 496 11 11 (Pbx)

İNKILÂP Kitabevi Yayın Sanayi ve Ticaret AŞ
Çobançeşme Mah. Sanayi Cad. Altay Sk. No. 8
34196 Yenibosna – İstanbul
Tel   : (0212) 496 11 11 (Pbx)
Faks : (0212) 496 11 12
posta@inkilap.com
www.inkilap.com

CARPE DIEM

AN'I YAŞA, ESİR OLMA

AŞKIM KAPIŞMAK

Aşkım Kapışmak

Aşkım Kapışmak, 1979 yılında İstanbul'da doğdu. On iki yaşındayken Arif Sağ Müzik Evi'nde konservatuvar eğitimi aldı. Liseden sonra Marmara Üniversitesi Teknik Bilimler Meslek Yüksekokulu'na girdi. Marmara Üniversitesi'ndeki eğitiminden sonra Amerikan Üniversitesi Newport'ta Davranış Bilimleri-Psikoloji lisansını tamamladı. Türkmax'ta 2011-2012 sezonunda 'Buyrun Paylaşalım' adlı programı hafta içi her gün canlı olarak hazırladı ve sundu.

2012 yaz sezonunda Star TV'de 'Ayşe ile Alişan' programında her cuma 'İletişim ve İlişkiler' bölümünü hazırladı.

Show TV'de 'Simge Fıstıkoğlu ile Yeni 1 Gün' programında iletişim bölümünü hazırlayıp sundu.

2015 yılında kurduğu Aşkım Kapışmak Akademi'de, 10 farklı alanda uzman kadrosuyla şirketlere ve bakanlıklara kurumsal eğitimler vermekte, ayrıca Türkiye genelinde çeşitli kurum ve kuruluşlara iletişim seminerleri düzenlemeyi sürdürmektedir.

www.askimkapismakakademi.com

İnkılâp Kitabevi'nden çıkan diğer kitapları:
Kadınlar Sağdan Erkekler Soldan
Küçük Mutluluklar Kitabı
Terzi
Dolce Vita
Beni Benimle Aldatır mısın?
Hangi Anne Hangi Babasınız?
Aşkımın Beden Dili
Kalbin Anahtarı 1: Kelimelerle İyileş
Kalbin Anahtarı 2: Ruhuna Dokun

İçindekiler

Teşekkür 9

Önsöz 11

Giriş 13

Hayatın İçine Akmak 17
Geçmiş Sahte Kimlikte Depolanır 21
An'ı Yaşamak 29
Geçmiş Zamandan Gelen Sabotajcılar 31
Şimdi, Burada, Hemen 37
An'da Kalabilmek için Pratik Öneriler 47
Herkes Zengindir Ama Çoğu İnsan Fakir Yaşar 53

An'da Mutluluk 55

1 Dk'da Mutluluk Var 63

Hep Başkasının Söküğü 69

Üzücü Olayların Ardından Ne Gelir? 73

Bilerek Sevmek Gerek 77

Boş Zamanın Varsa Kurtul Ondan 81

İz - İşaret - Olay 85

Nasıl Yetiştirildik ve Bugün Nasılız? 93

Bugün Ne Yapacaksın? 99

Dilin Zamanla İlişkisi 103

Onlar Başarabilmiş Mutlu Olmayı, Sıra Sende 107

Sabreden Dervişe Ne Olur? 121

Sadece Bugün 125

Gerçek Sesleri, Sessizlikte Duyarsınız 131

Seni Kıskanarak An'ı Kaybettim 135

Yaşam Zamanda Anlam Bulur 141

Yaşam Amacı 143

Beslenme Stratejisi ile An'da Kalmak 151

21 Günde An'da Kal 157

Niyetini Sorgula 161

Yaşamının Anlamını Bul 167

Zamandaki Güzelliğe Niyetlenmek 179

Kalp ile An'da Kalmak 183

Mutluluk, Motivasyon, İnanç 187

Mücadele Ruhunu Yakala 205

Şimdiki Ben 207

An'da Kalma Yöntemleri 211

Bilgisizler Zamanı Yönetemez, Çünkü Zamandan Korkarlar 217

Zaman Yönetimi 223

Örnek Bir Başarı Öyküsü 227

Paranın Ne Önemi Var? 238

An'ı Yaşamak 239

Başına Benimkinden Farklı Ne Geldi? 245

Seninle Oynadığımız Sokaklara Gittim Bugün 247

Bir Mola Ver Hayata 249

Vazgeçemezsin Sonra 251

Teşekkür

Bu eseri yazabildiysem geçmişte ve şimdi sen okuyabiliyorsan, buna izin veren Allah'a sonsuz teşekkür ederim.

Kökü sağlamsa insanın, mevsimlere dayanır. Benim de köküm ailem. Aileme teşekkürler.

Yanınızda doğru insanlar varsa, zamanınızı doğru işlere ayırma olasılığınız artar. İş arkadaşlarım Serkan Kapışmak, Onur Aydınoğlu Durmaz ve kitabın asiste edilmesinde bizimle olan Mine Seda Ufakel'e, fotoğrafçı dostum Musa Kaya'ya teşekkürler.

Dost duymak istediklerini değil, doğruları söyleyendir. Benim de bu hazırlıkta yanımda dostlarım ve arkadaşlarım vardı;

Ceren Akdağ Şahin – Sky 360 – TV Programcısı – Sunucu

Tansel Atak – İşadamı

Aslı Hünel – Sanatçı

Betül Demir – Sanatçı

Deniz Akkaya – İşkadını – Sanatçı

Ebru Taştan – Konuk Mafyası

Arzum Uzun – Yazar – Gazeteci

Remzi Erdem ve Ailesi – İşadamı

Esin Övet – Gazeteci

Fulya Kalfa – Yönetmen
Hüner Şimşek – Sosyal Medya Uzmanı
Pınar Atak – Modacı
Semih Bağhaki – Plastik Cerrah
Metin Sancak ve Ailesi – İşadamı
Serhun ve Sevil Eyüpoğlu – İşadamı
Özgür Aras – Magazin Yorumcusu – İşletmeci – Yazar
Akif Sarı – Eğitimci
Sertaç Yaman – Hayalperest
Harun Yergök – İşadamı
Funda Özkalyoncu – Yazar – Radyo Programcısı
Jale Balcı – Şef – Yazar
Murat Bozok – Şef – Yazar
Mehmet Yıldırım – Make-Up
Pınar Aylin – Sanatçı
Cansu Kurtçu – Sanatçı – Söz Yazarı
Engin Değirmenci – Yoldaş
İyi ki yanımdasınız, sizleri seviyorum.

Bana inanan, yanımda olan İnkılâp Ailesine,
Aren Şenorkyan, Ahmet Bozkurt ve Senem Davis'e,
Menajer ve PR hizmetlerimi yürüten ÖZGÜR ARAS PR'a ,
Doğukan ve Berkan Conger kardeşlere,
Aşkım Kapışmak Fan Grubu'na,
Twitter ve Facebook'taki sevenlerime,
Teşekkürler...

Önsöz

İnsan kaybolur öncesiyle sonrası arasında. Bir tarafa anıları bir tarafa hayalleri doldurur, çoğalınca her ikisi mutlu olacakmış gibi.

Ama sadece kaybolur.

İnsan yer arar kendine. Dününü de bugününü de satın almak ister zamanlardan. Gider gelir sürekli geçmişten geleceğe. Ama sadece yer kiralar. Sahibi değildir düşündüklerinin. Ya bitmiştir ya da olmamıştır daha.

İnsan en çok an'dadır, onu da fark etmez. Almaz kokusunu elindeki çiçeklerin, çünkü o zihninde, eline batan dikenlere üzülür.

Sarılmaz yanında duran sevdiğine, çünkü o hayal ettiği kişiyle sevişir.

Sabah uyanabildiği için teşekkür edemez, çünkü gün boyu yaşayacağını zannettiği sıkıntılara isyan ediyordur.

İnsan geçmişten geleceğe seyahat eder, ama an'da konaklamayı beceremez.

Bazen bir bebek doğar an'da,
Bazen bir kedi süt ister.
Bazen bir kaza geçirir an'da,
Bazen de annesi bir telefon bekler.
Bazen güneş ve martılar poz verirler an'da,
Bazen de bir bardak çay yanına süt ister.
O kadar acelecidir ki insan, zor gelir an'da kalmak.
Çünkü kolay olan sorumluluk almamaktır
Geçmişten geleceğe...

Giriş

Ne hale geldik, ne hale getirildik biz böyle? Görünen her şeye ulaşabilmek için çalıştık, didindik. Ya istediğimize ya da benzerlerine sahip olduk ya da öyle sandık. Sonra baktık ki hiç düşünmediğimiz, aklımıza getirmediğimiz şeyler de varmış hayatta. Geçmişin getirdiği mutsuzluklarla boşluklar oluştu zihnimizde. Artık bedenimiz, ailemiz, kıyafetlerimiz yetmedi boşlukları doldurmaya. Yetmedikçe meslekler, gerçekleşmedikçe dualar, karşılık görmedikçe iyilikler, daha da büyüdü boşluklarımız. Yediklerimize şükür azaldı, daha iyileri varmış diye. Yanımızdakilere teşekkür azaldı, daha farklıları varmış diye. Bu kadar boşluktan mutsuzluklar oluşturdukça daha da yalnızlaştık. Evimizin içinde başka odalarda, işyerimizde kalabalıkta yalnızlaştık. Yürüdüğümüz sokaklarda insanları tabela gibi görmeye başladık. Bakıp görmemeye başladık. İlk önce selamları azalttık, ilkel dönemlerdeki gibi güneşi selamlamaya başladık. Kork dış dünyadan, insanlar zalim diye başladı herkes. İçe dön dediler, meditasyonlara başladık. Kendinle bütünleşmeyi yanlış anlayıp kendimize yabancılaştık.

Güç sende, içinde dediklerini işittik. Öyle sevindik ki, meğer bendeymiş her şey dedik. Öyle büyüttük ki kendimizi gözümüzde, içimizde. Tanrılar yarattık ve o tanrılara emir verdik. Sonra yolu var dediler, kuantum geldi önümüze.

Çağırınca gelir zannettik. Öyle derinden, öyle yüksek motivasyonla çağırdık ki, gelecek zannedip umut satın aldık.

Beklerken oyalan diye düşündüler, ne yapalım? Bizler de sorduk, "Bekliyoruz ama olmadı, neden?" diye.

Astrolojiyi çıkardılar, dediler ki 12 ay hikmeti var. Ocakta iste, yeni yıldır. Şubatta bekle tatildir. Mart gelir hırsını tut. Nisanda baharı sev. Mayısta dostluk kur. Haziranda seviş. Temmuzda para biriktir. Ağustosta gelmemişse, şükret nedeni vardır. Eylül hüzündür, karar alma. Ekim hastalık ayı, dikkatli ol. Kasım yanardönerdir, gelir ama çok kalmaz. Aralıkta arın isteklerinden, içine dön. Ocağa Allah Kerim.

Öyle büyüttük ki beklentileri, gelenler bile tatmin etmedi.

Venüs'ün, Merkür'ün keyfini bekledik. Sonra keyfimiz kaçtı, "Bu ne ya, yeter!" dedik. Tam kafamızı kaldırmıştık ki, dediler: "Çok kilolusun, zayıfla." Başladık az yemeye. Aynada baktığımız kişiyi sevmez olduk. 3-5 kişinin bugün ne giymen gerektiğine dikkat kesilip, dışımıza odaklanmaya başladık.

O kadar mutsuz olduk ki, duyduğumuz, gördüğümüz her şeye inandık. Bitkisel otlardan mutluluk hapları ürettik. Bırakın istemeyi, KANSER var dediler. Gözümüze kanserlileri sokup, korkuyu saldılar. Her gün kanser olmamak için yaşamaya başlarken, son nefeste gitmeden evlenin, sevişin dediler. Zevk-i izdivaç izleyip sanal orgazmlar yaşadık. *Secret*'ler, kuantumlar, astrolojiler, fallar denedik olmadı.

Allah'ın adını evren,

Duanın adını enerji yaptılar.

Saati 1000 Euro'ya evrene enerji gönderdiler.

Paran yoksa taksit var dediler.

Sahip olamayacağımız mutlulukların sadece umudunu satın aldık. Onu da 12 ayda acı ile ödemek şartıyla.

Şimdi oturup bizi seyrediyorlar, başka ne yapalım diye.

Şimdi geçmişe gidemiyoruz, çocukluktan ürküyoruz. Geleceğe gidemiyoruz, satın alacak gücümüz yok.

Ne mi yapacağız?

Bırakın geçmişi, geleceği

Gerçek şimdide, an'da

Hazır mısın an'da olanlara,

Farkındalığa?

Hayatın İçine Akmak

Hayatın içine akacaksın ki, seni tanısın her şey.
Dalgalara seyirci olacaksın, uzun uzun seyredeceksin ki, gözlerin kaydetsin.
Yerdeki, gökteki, ağaçtaki, penceredeki kuşları duyacaksın.
Sessizce dinleyeceksin ki, kaydetsin kulakların.
Hayatın içine akacaksın ki, tanışasın dışındakilerle.
Çalan her müziği dinleyeceksin. Her gürültüyü duyacaksın.
Koklayacaksın yağmurla buluşan toprağı, her yerde başka gelecek toprak kokusu, öğreneceksin.
Başka kokuları merak edeceksin.
Hayatın içine akacaksın, çeşit çeşit insan tanıyacaksın, her biri farklı kokan.
Kimi sevgi kokacak, kimi nefret
Kimi aşk kokacak, kimi şehvet
Kimi acı kokacak, kimi başarı
Kimi hüzün kokacak, kimi merhamet
Şaşıracaksın ama öğreneceksin.

Çalışacaksın güneşten aya
Uyuyacaksın kalan zamanlarda
Annene babana sarılacaksın
Tanışacaksın doğuranla, doğanla
Hayatın içine akacaksın
Kaybedecek, kazanacaksın
Ağlayacak, ağlatacaksın
Büyüyeceksin yaş ala ala
Bazen de küçüleceksin utancından
Aktıkça hayatın içine aydınlanacaksın
Bazılarını reddedecek, bazılarını kabul edeceksin
Her şey an'da olup bitecek
Bir kere dokunacak, bir kere mutlu olacaksın
Sonra geçmişe hapsedip hayaller kuracaksın
Gözünü her kapadığında, dokunduğunu zannedip mutlu olacaksın
Bir kere aldanacaksın, üzüleceksin
Kopacaksın an'dan
Ya geleceğe gidecek kurtuluş planları yapacaksın
Ya da geçmişe gidip pişmanlıkları yakalayacaksın
Düşüncelerini geçmişten, gelecekten getireceksin
Ama sadece an'da üzülecek, an'da sevineceksin
Ağrılar girecek başına
Hırsızın olacak geçmiş, gelecek, an'ı çalacaklar
Sen ise biraz an yakalayıp uyuyacaksın
Gözlerini şimdiye açacaksın
Sadece bedenin uyanmışsa, kaçmışsa zihnin an'dan
Duymayacak kulakların sevdiğinden gelen günaydınları.

Görmeyecek gözlerin çay demleyen eşini, dostunu, ananı
Koklayamayacaksın kenarlardaki otu, çiçeği
Yaşadığını zannedeceksin
Hayatın içine akacaksın ki
Öğreneceksin hayatı
Öğrendiğin her şeyin senin içinde karşılığı olacak
Karşılıklarından bir hayat da sende doğacak
Anlayacaksın ki dışarıdaki her şeyden içinde de var
Dışındaki hayatı öğrenebilmen için,
An'da kalmaya ihtiyacın var,
İçindeki hayatı bulabilmen içinse, zamanda yolculuğa.
An'da kaydeder,
Zamanda ararız.
Ne bulduğunla ilgilenmez beyin
Bulduğunu gerçek zanneder,
Onunla yaşamak için.

Geçmiş Sahte Kimlikte Depolanır

Mustafa 28 yaşında, ilkokul mezunu bir anne ile ortaokul mezunu babanın iki çocuğundan biri. Okutmaya gücü olan anne ve babası, Mustafa'nın okumasına destek olmuşlar. Anne babası hiçbir zaman karıkoca olmayı başaramamışlar. Annesi, ailesinden bir kaçış olarak görmüş evliliği. Babası ise evlenmesi gerektiğini düşündüğü için evlenmiş. Çocuklar doğunca da yaşam mücadelesi demişler. Babası şükretmeyi bilmeyen, hayatta her şeyin olumsuz yanını gören, takıntıları olan mutsuz bir adam. Annesi ise güçsüz, boyun eğen, eşinden göremediği ilgiyi, sevgiyi Mustafa'dan görmeye çalışan, bu nedenle Mustafa'ya bağımlılık geliştirmiş yalnız bir kadın.

Mustafa bu iki farklı karakterle büyürken ciddi problemler geliştirmiş. 28 yaşında kaygı bozukluğu yaşayan, endişelerini kontrol edemeyen mutsuz bir genç. Okuyup iş güç sahibi olmasına rağmen, mutlu olmayı başaramamış, çünkü anne ve babasından çaresizce öğrendiği olumsuz kodlamalar yüzünden geçmişi unutamıyor. Geçmişe o kadar takılı kalmış ki sürekli, *acaba şöyle mi yapsaydım, keşke böyle olsaydı,* gibi zararlı düşüncelerle dolup taşmış.

Babadan kalma kötüye odaklanma yüzünden, her tanıdığı insanda olumsuz taraflar aramaktan sağlıklı ilişkiler kuramamış. Ona göre, herkesin ondan çıkarı var. Çok samimi olursa kazık yer. Eninde sonunda yarı yolda bırakılır. Bu nedenle her tanıdığı insanla birlikteyken bu kötü düşünceler de çoğalmaya başlar.

Olumsuz kodlanmış bilinçaltı, Mustafa'nın haberi yokken çalışmaya devam ediyor. Bu yüzden nedensiz huzursuzluk, sebepsiz gerginlikler yaşıyor. Geçmişin yoğun etkisi Mustafa'yı şimdiki zamandan alıkoyuyor, çünkü etrafındaki herkes o an'ın içindeyken Mustafa geçmişin yarattığı huzursuzlukla darmadağın oluyor. Bununla ilgili Mustafa'nın çok ilginç analizleri var: Mesela arkadaşlarıyla birlikte kafede oturup keyifle sohbet ederlerken, çok kısa süreli o an'da kalabiliyor. Bir an'da bir güç onu geçmişe çekiyor, huzursuzlaşıyor. Mustafa'nın böyle durumlarda refleksi ise, bulunduğu ortamdan uzaklaşma isteği şeklinde oluyor. Bir nedenle nerde olursa olsun uzaklaşmaya çalışıyor. Artık o an'dan çıkıp, geçmişin esiri olmaya başlıyor. Aslında Mustafa birçokları gibi bilinçdışında bir acı beden yaratmış. Acı beden kendisine öyle yapışık ki, her an her yerde ortaya çıkıp, kişiyi o an'ın yarattığı duygudan alıp geçmişin çöplüğüne atıyor.

Acı beden, bilinçdışında ürettiğimiz ikinci bir kişilik gibi. Geçmişte kalmış, olgunlaşmamış ve geçmişte yaşanan tüm acıları toplamış bir kişilik gibi. Bu yolla kişi, olması gereken kişiliği ile sosyalleşirken, acı bedenle de sık sık yalnızlaşır. Bu duygu durumu yüzünden de an'ı yaşayamaz.

Acı bedene sahip olanlar bir türlü "Şu an ben varım, bugün şunu yapacağım, şu an kendimleyim," diyemezler. Dile getirseler de, gerçekten yapamazlar. Dünü ve yarını yaşamaktan bir türlü sıra "şimdi"ye gelmez. Acı beden kuş gibi hafifim demenize izin vermez.

Aslında zamandan kopabilse, an'ın getirdiklerini kabullenebilse, akışı seyredebilse gerçekten kuş gibi olacak. Endişelerinden kurtulursa, hem zamanın hem de mekânın dışına çıkabilecek.

Acı bedeninizi tanımak zorundasınız. O bedende hangi acıları, hangi duyguları ve bağımlılıkları depoladınız?

Mustafa'nın acı bedeninde aynı zamanda anneden ayrılma korkusu da vardı. Mutsuz anne, Mustafa'ya bağımlılık geliştirdiği için onunla aşırı ilgilenmeye başlamıştır. Varsa yoksa Mustafa der. Mustafa olmadığında kaygılanır, üzülür, hatta uzun ayrılıklarda hastalanır. Bunların hepsinin altında "beni yalnız bırakma, hep yanımda ol. Senin ilgine ihtiyacım var" yatar.

Mustafa annesine öyle bağımlılık geliştirir ki, hem öfkelidir hem de bağımlı. Yani annesine sık sık öfkelenir, kızar. Uzaklaşınca aşırı merhamet, vicdan yapıp özürle geri gelir. Bu içtense annesinin hoşuna gider ama Mustafa'yı mutsuz eder, çünkü annesine karşı hissettikleri Mustafa için büyük bir ikilemdir. Çok sevip yakınlaşamaz. Öfkesi varken de uzaklaşamaz. Gelgitler yüzünden evden her uzaklaştığında aklı evde kalır. Acı bedeni devreye girer ve sürekli anneye gitme, onu arama ihtiyacı duyar. Duyduğu kelime veya gördüğü objeler vs. onda annesini çağrıştırıyor ve acı beden devreye giriyor.

Çok ilginçtir ki, annesinin yanına gittiğindeyse ona samimi davranmıyor. Ufacık bir harekette bile annesiyle tartışmaya başlıyor. Aslında annesine bu kadar bağımlı olduğu için annesine kızıyor.

Bunun nedenini biliyor ama gerçeği annesinin yüzüne vuramadığı için acı bedeninde yoğunlaşma artıp iyice ısınıyor.

Mustafa artık işte, sokakta, otobüste, arkadaşları ve hatta sevgilisiyleyken bile o anları yaşayamıyor.

Geriye endişe küpü, nörotik bir insan kalıyor.

Belki birçoğunuzda da bu problem vardır. O zaman bilirsiniz, nerde ve kimleyseniz bir türlü teslim olamazsınız.

İnsan beyni sürekli düşünce halindedir. İyi kötü, geçmiş gelecek, negatif pozitif durmadan düşünür.

Bebeklikten ölene dek devam eden bir süreçtir bu.

Bizler büyürken kendimizle ilgili bir imaj yaratırız. Hem ailemiz hem kültürümüz, kendimizle ilgili bir algı üretmemizi sağlar. Buna hayalet benlik denir. Hayalet benlik durmadan düşünür ve çoğu zaman düşündüklerini gerçek zanneder. Bu hayalet benlik aynı zamanda egodur da.

Ego için şimdiki zaman yoktur, önemli de değildir. Geçmişten, gelecekten beslenir. İnsan kendi egosunun şimdiki zamanla ilgilendiğini düşünür ama ego geçmişte ürettiği ve kemikleştirdiği hayalet benlik algısıyla bakar.

Yani şimdiki zamandaki olayları geçmiş zaman penceresinden seyreder. Bu durum bizi sürekli acıda tutar. Bu durumu istemeyerek yaparız. Sık sık kararlar alırız ama her defasında acı beden kazanır. Yapmamız gereken zihnimizi kendi kontrolümüze alıp acı bedenle olan bağını kesmektir. Bunun için ilk başta zor bir sürecin bizi beklediğini kabul etmeliyiz. Kendimizi kandırmadan ödeyeceğimiz bedeli bilmeliyiz. İlk önce zihnimizin güçlü olması, savaşçı olması şart, çünkü zihin şimdiki zamanı reddeder. Şimdiki zamanı sağlam bir zihinle ne kadar yoğun ve ne kadar istikrarlı yaşarsak, ancak o zaman acı bedenden uzaklaşırız.

Acı bedeni güçlü kılan iki şey vardır: Geçmiş ve gelecek zaman. Ama şimdiki zamanın gücünü, yoğunluğunu oraya koyduğunuzda acı bedenle olan bağınız zayıflayacak.

Acı bedeni olan insanlar geçmişi ve geleceği kendilerine sevgili yapmışlardır, hatta evlilerdir. Şimdiki zamanla sıkı bir dostluğa ihtiyacımız var. İşte bu dostluk kurulduğu zaman, düşman zayıflayıp yok olacak. Yok olmasından kasıt, tamamen bitmesi değil. Sadece geçmişin ve geleceğin kötü duygularla şimdiki zaman hırsızı olmasına artık izin verilmeyecek.

Şu An'da Düşünelim

- İnsan acı çekmemek için alışkanlık geliştiriyor bazen.
- Unutmayalım, bir insana vaatlerde bulunup konuyu takip etmezseniz, dost yerine düşman kazanırsınız.
- Asla öfkenizi, sinirinizi ve beslediğiniz intikam duygusunu karşınızdakine göstermeyin. Bu yıkıcı duygular, onları savunmaya geçirir.
- İnsanlar sizin bir planınız olduğuna, nereye gittiğinizi bildiğinize inanırlarsa, içgüdüsel olarak sizi takip ederler. İşte, liderliğin gizli silahı.
- Baştan çıkanların taktiği: Önce sizdeki boşlukları fark ettirip, onları doldurabileceklerini hissettirirler.
- Her insan bütünlük duygusundan yoksun olduğu, benliğinin derinliklerinde kayıp hissi taşıdığı için, baştan çıkarılmaya yatkındır.
- Şirketler ve politikacılar önceden gereksinim ve huzursuzluk duygusu uyandırmadan halkı istedikleri gibi davranmaya itemeyeceklerini bilirler.

- En çok istediğiniz şey ne ise, en büyük problemleriniz de oradadır.
- Doğruyu değil de, karşı tarafın duymak istediğini söyleyenlere dikkat edin. İnanırsanız, kullanılırsınız.
- İnsanda iki beyin vardır: biri düşünen beyin diğeri hisseden. Siz hangisini daha çok kullanıyorsunuz?
- Dostken özelinizi ne kadar sakladıysanız, düşman olunca da dilinizi tutmayı bileceksiniz.
- Sendeki benle bendeki ben aynı olmadığı sürece dost olamayız. Aynılaşmak derdim, başkalaşmak değil.
- Elinde kalanlarla elinden gidenlere bir bak hangisi fazla?
- Herkese hak ettiği sınırı çizmezsen, herkes senin üstünü çizer.
- Sadakat ile ihanet arasındaki tek ortak nokta, aynı kişiye yapılmasıdır.
- Kimseyi mutlu edemezsiniz. Siz sadece elinizden geleni yapabilirsiniz, karşınızdaki mutlu olmak istiyorsa olur. Beklentiye girmeyin.
- İnsanı en çok üzen şey, kontrolünde olmayan şeylerin akıbetidir.
- Yalnızlık ile tek başınalık aynı şey değildir. Birinde gerçekten kimse yoktur, diğerindeyse kendinle kalmak istediğin için kimseyi istemezsin.
- Neye sahip olduğun önemli değil, onlarla neler yaptığın önemli. Hayat işlevselliğine bakar.

An'ı Yaşamak

An'da olmak demek, geçmişten ve gelecekten sıyrılmak demektir. İyi veya kötü hiç fark etmez. An saniyelik bir şeydir. "Şu an" dediğimiz an bile geçmişe gidiyor. Her şeyi hızlı bir şekilde geriye atıyoruz ve o saniyeleri bir daha geriye alamıyoruz. 2 dk önce yapılan bir hareket veya söylenen bir söz geçmişte kalır. Şu an, yaşadığımız an'dır. Kitabımı okurken şu an'da mısınız? Yoksa kafanız başka bir yerde mi? Belki de işe geç kaldınız ve patronunuzdan yiyeceğiniz azarı düşünüyorsunuz veya dün akşam eşinizle olan tartışmanızı düşünüp, *neden bana o sözleri söyledi?* diye eşinize kızıyorsunuz içinizden. Geçmişi mi geleceği mi düşünüyorsunuz? an'da yaşarken ne geçmiş ne de gelecek vardır. Geleceğe gitmek hayal etmek, geçmişe gitmek düşünmek ve hatırlamaktır. Eğer şu an "an"da değilseniz, okuduklarınızı tekrar başa dönüp dönüp okuyacaksınız, çünkü an'da olmadığınızdan anlamayacaksınız. Öyleyse, kitabı bırakıp geçmişe ve geleceğe gidin. An'a dönünce tekrardan okumaya başlayın.

İnsanların odaklanma sorunu var, an'a odaklanamama gibi. Mutsuz olma sebebiyse, ya geçmişte ya da gelecekte yaşayarak an'ı yaşayamamak, kaçırmaktır. Bu da hastalanmaya sebep olur. An'da kalmak, an'da olmak, an'ı yaşamak yaşam kalitesini artırır. An'da kalmanın tedavi edici özelliği vardır. İnsanı an iyileştirir. Sorunlar an'da çözülür. Geçmişe gidip neyi çözebilirsiniz? Ya da geleceği düşünerek? Geleceğe gitmek hayal etmek, geçmişe gitmek ise sadece anımsamaktır.

an'da kalmak hazzı yaşamak olarak algılanır. İçinde bulunduğumuz an'da dertlerimizi unutarak, hazzı ve tüketimi çoğaltarak sorunlarımızdan kurtulacağımızı sanıyoruz. Oysa hazzı tüketirken, sorunu çözmüş olmuyoruz. Sadece o an'lık hazlarımız, sorunlarımızı ve dertlerimizi unutmamıza, biriktirerek ötelememize neden olur. Amacımız dertleri biriktirmek veya unutmak değil, sorunları an'da çözebilmek.

Bunun için de bir biliş gerekli.

Peki, ama nasıl?

Geçmiş Zamandan Gelen Sabotajcılar

En uzak geçmişten, en yakın geçmişe kadar yaşadığımız ne varsa hepsi kayıt altında. Kontrolümüz dışında olan bir sistemle an an her şey kaydediliyor. Bir yanımız hayatın şimdiki zamanda getirdiklerine odaklanırken, bir yanımız ise geçmiş deneyimlerimizden sabotajcı bir kimlik yaratıyor. Sabotajcı kimlik her şeyin kötü, acı veren, olumsuz tarafını hissettirip gerçek benin gerçek yaşamla bütünleşmesini engelliyor.

Şöyle düşünelim, doğduğumuz an'dan itibaren hayatı algılayış, başımıza gelen olayları değerlendirme şeklimiz iki farklı kimliğimizle değerlendirmeye alınıyor. Sabotajcı kimliğimiz yaşamın acılarını, olumsuzluklarını olayların içinden alır ve depolar. Örneğin işe gitmek için her sabah 08.30'da otobüs durağında olmanız gerekiyor ki, işe geç kalmayın.

Haftada bir iki gün aynı saatte durakta olduğunuzda, ya otobüsün erken kalktığını ya da geç kalacağını öğreniyorsunuz. Üst üste aynı ya da başka yerlerde bu olayı deneyimledikçe ki bu çok normal. Sabotajcı kimlik bu olaylardan şunları çıkarıp sizin gerçeğinizmiş gibi depolar: *Şanssızım işte. Hep aynı aksaklıklar beni bulur. Benim dışında herkes işine yetişiyor, problem bende! Hatta abartıp, ailem zengin olsaydı bu derdi çekmezdim. Babam zamanında batırmasaydı işlerini, şimdi arabam olurdu.* Bu çıkan sonuçlar çoğaltılabilir. Fark ediyor musunuz sabotajcı kimliğimizin nasıl çalıştığını? Bu gerçekleri oluşturduktan sonra, ürettiği düşüncelerin duygularını da oluşturacak. Yukarıdaki gerçeklerinden şu duyguları üretir:

Şansım yok. (ümitsizlik)
Benden başka herkes şanslı. (değersizlik)
Babam paralarını batırmasaydı. (öfke)

Acı beden olumsuz duyguları toplar ve biriktirir. Gerçek kimliğimiz ise bu deneyimlerden sağlıklı çıkarımlar yapar. Yapması gerekir ki, bulunduğu an'a odaklanabilsin. Yaşamda mücadele edebilsin. İşine gidebilsin. Bu deneyimlerin normal, herkesin başına gelebileceğini, aksiliklerin kontrol dışı olduğunu, mücadeleye devam etmemiz gerektiğini söyler.

Yani her olaydan sabotajcı kimlik ve gerçek kimlik farklı çıkarımlar ve duygular üretip biriktirerek, bize bir dinamik oluştururlar.

Hangi kimliğe yatkınlığımız varsa, hangisine sık başvuruyorsak onu gerçek zannederiz.

Peki, hangi kimliği kullanacağımız neye bağlı diye bir soru sorarsak?

Nasıl bir ortamda yetiştik, kimlerin telkinleriyle dolduk, kimleri model aldık çok iyi analiz etmemiz gerekir.

Birçoğumuz anne ve babamızın sabotajcı kimliğini denetlemeden kopyalamışız. Birçoğumuz ise yok sayıp gerçek kimliğe odaklanmışız.

Şunu bilmek gerekir ki, hepimiz bu iki kimliğe sahibiz. Sadece ne kadar yoğunlukta kullanıyoruz? Kimliklerin dinamiğinde neler var, bunları bilmemiz şart.

Bazı insanlar sürekli sıkıntılarından bahsederler, siyahın en siyahında yüzerler. Ağızlarından çıkan her cümlede geçmiş korkularını, gelecekteki kötülükleri duyarsınız. Sabotajcı kimlik, gerçek kimliğinin katili olmuştur. Görünüşü, mimikleri, ses tonu hep acıyı söyler.

Öyle anne adayları gelir ki danışmanlığa, daha doğmamış çocuğuyla ilgili gelecek facialardan bahsederler. Bebeğinin doğarken problem yaşayacağı, engelli olabileceği, olmazsa aşılardan zarar göreceği veya yanlış biriyle evlenirse diye diye şimdiki an'ı mahvetmiş anne adayları.

Bir kimlikle yaşanmaz ama sabotajcı kimliğimizi kontrol edilebilir hale getirmemiz gerekir. Bizler bilincimizle gerçekleri görür, bilinçsizliğimizle korkuları üretiriz. O nedenle sabotajcı halimiz bilinçli kimliğimizi sevmez. O sürekli bilinçsiz hallerimizle beslenir.

Bilinçli halimizde güven, bilinçsiz halimizde korku vardır. Güvenin arttığı yerde korku azalır. Şimdi bir düşünelim, iki kimlik de bizim ve hem uykuda hem uyanık durmadan çalışıyor.

Sabotajcı kimlik rüyaları da kontrol eder, sürekli yorgun ve sinirli uyanmanız için siz uyurken çalışmaya devam eder.

Çoğu zaman nedeni yokken bile kötü uyanırsınız. Sıklaşınca doktora gider ilaç alırsınız. O ilaçlar sadece hormonları düzenler, bilişsel desteğe de ihtiyaç vardır.

Ağırlıklı olarak sabote edildiğiniz kimlik yüzünden stres hormonlarınız salgılanır. İlk önce, her iki kimliğimizi de fark edip kabullenmemiz gerekir. Bu nedenle aşağıdaki çalışmayı kendinize uygulayın. Öncelikle bu kimliklere birer isim bulalım.

SABOTAJCI KİMLİK	GERÇEK KİMLİK
Adı: negatif insan Sabotajcınıza bir isim bulun.	Adı: olabilir Gerçek kimlik adınıza gerçek adınızı yazın.
Örn. sülük, Şeytan, yapışık vb.	Örn. Aşkım Kapışmak
Neler Söylüyor?	Neler Söylüyor?
En çok hangi kötü ve olumsuz düşünceleri getiriyor aklına?	En çok hangi sağlıklı, iyi cümleleri getiriyor aklına?
Örn. Başaramam, şanssızım, batacağım, bana kötülük yapacak.	Örn. Elimden geleni yaptım. Herkes benim gibi düşünmek zorunda değil. Çalışırsam olma ihtimali yüksek
Neye Benziyor?	Neye Benziyor?
Adını koyduğunuz sizi rahatsız eden Sabotajcının zihnindeki resmini oluşturup buraya çizin.	Kendi fotoğrafınızı yapıştırın.

Öncelikle sabotajcı kimliğinizi kabul etmeniz gerekir, çünkü acı çekmemizi sağlayan şey kabul etmediğimiz yanlarımızdır.

Kabul edeceğiz.

Bazen kötü düşündüğümüzü; bazen öfkeden çıldırıp yanlış şeyler yaptığımızı; kimi zaman kıskanıp iç geçirdiğimizi; intikam almak istediğimiz zamanları; yalnız kalmak istemediğimizde, yalnız kalmak hoşuma gidiyor yalanlarını; sevmediğini bildiğiniz halde seviliyoruma inanmaları; cesur gibi gözükse de çoğu zaman korkak olduğumuzu; çok mutluyum maskesi taktığımız an'ların çok olduğunu; huzuru bulmak için çırpındığımızı...

O kadar çok kabul etmemiz gereken şey var ki, neyi reddediyorsak onunla sürekli yüzleşeceğiz. Hayat o konularda kabul sağlaması bekliyor. Sana yapılan her şeyi, başına gelen olayları karşılamayı bileceksin ki, kontrol altına alabilesin.

Kâğıdı ortadan ikiye keselim. Gerçek kimlik bölümünü saklayalım. Sabotajcı kimlik sayfasını avucumuzun içine alıp iyice sıkalım. Bu egzersizi yaparken içe yoğunlaşmak zorundayız. Sessiz sakin bir an yaratıp avucumuzun içinde o kimliği iyice sıkıp tamamen kontrol altına aldığımızı hissedelim. Tüm vücudunuzdan, beyninizden sabotajcı kimliğe dair ne kadar anı varsa, görüntüler, sesler, tatlar, kokular hepsini avucunuzun içinde tuttuğunuzu hissedin. Yüzleşin. Bir yanınızda o. Gerçek olmayan ama sizin ürettiğiniz ve gerçek sandığınız kimlik o. Reddederek değil kabullenerek kontrol edebileceğinize inanın. Yoğunlaşma bittikten sonra kâğıdı yakarak yok edin. Kendi ellerinizle yakıp ondan kurtulduğunuza inanın. Bu egzersizi bir ayda dört kez tekrarlamanız gerekir. Sahte kimlikten kurtulmanız dördüncü haftadan sonra başlayacaktır. Etkisini zamanla sürecin içinde hissedeceksiniz. Daha huzurlu, daha güvenli ve daha mutlu olduğunuz anlar artacak. Öfkeler azalıp sakinlik artacak. Dördüncü haftadan sonra sessiz kalmak hallerimiz artacak. Daha az konuşan birine dönüşeceksiniz. Gerçek kimliğinizle bütünleşmenin verdiği aitlik duygusu sizi hayatla yoğunlaştırıp mutlulukla ödüllendirecek.

Şimdi karar verin, siz hangisisiniz? Sabotajcı mı? Gerçek kimlik mi?

Şimdi, Burada, Hemen

Bu kelimeleri kişinin kendini an'a odaklaması için üst üste söylemesi gerekiyor. An'a odaklanmak için tekrar edin: "ŞİMDİ, BURADA, HEMEN."

Bu 3'lüyü her yerde kullanabiliriz. Evde, ofiste, kafede, sinemada, güzel bir akşam yemeğinde vs. bulunduğunuz ortam güzel veya çirkin, iyi veya kötü, olumlu veya olumsuz. Belki yoğun bir trafikte kaldınız, sizin için önemli bir randevuya veya okula, önemli bir toplantıya veya bir daha elinize geçmeyecek, sizin içi önemli, kariyer planınızı etkileyecek bir iş görüşmesine gecikiyorsunuz. Yetişeceğiniz yer her neresi olursa olsun. O an "ŞİMDİ, BURDA, HEMEN" üçlüsünü hatırlayın ve an'ı yaşamanın keyfini çıkarın. Camınızı açın. Rüzgârın sesini dinleyin. Kuş seslerine odaklanın. Denizin kokusunu içinize çekin. Yapraklarını döken ağaçları inceleyin. Kaldırımda annesinin elini bırakıp koşan çocuğun ayak seslerini duyun. Gökyüzünde bulutlara bakarak "bu ne?" oyunu oynayın. Bulutları nesnelere benzetin. Radyoda en sevdiğiniz parça çalıyor, şarkıya eşlik edin. Çantanızda en çok sevdiğiniz çikolata var, çıkarıp büyük bir keyifle çikolatanızı yiyin ve gülümseyin. Hayat an'da güzel, unutmayın.

An'da olmayan insanların duyu organları çalışmaz. Duyu organları iç algıdadır. An'dan uzaklaştıkça tüm o güzel sesleri, kokuları, tatları hissedemeyiz. Duyu organları pasifleşir. Oysaki bizler iletişimi duyu organlarımızla yaparız.

Şimdi, tüm bunların tam tersini düşünelim. Yoğun trafiktesiniz ve işe geç kaldınız. Geçmişe giderek yaşadığınız sorunları düşünüyorsunuz. Dün patronunuz işe gelme saatlerinize dikkat etmeniz gerektiği konusunda sizi uyarmıştı. Onu hatırladınız. Bu sinirle öndeki arabaya durmadan korna çalıyorsunuz. Yağan yağmura kızıp, "Bir sen eksiktin!" diye söyleniyorsunuz. Telefonunuz çalıyor, arayan anneniz, sizi özlemiş ve sesinizi duymak istemiş: "Akşam en sevdiğin yemeği yapacağım, akşam bana gel," diyor ve siz o sinirle, "anne ne var, yoğun bir trafikteyim şimdi, akşama bakarız," diyerek telefonu kapatıyorsunuz.

Veya geleceğe gittiniz. Cumartesi günü arkadaşlarınızla yapacağınız sabah kahvaltısını, sonra gideceğiniz sinemayı düşünüyorsunuz. Hayal ediyorsunuz.

Dışarıda neler oluyor? Siz geçmişte mi gelecekte misiniz? Denizin kokusunu duymuyorsunuz, simit arabasından gelen taze simit kokusunu, kuşların sesini, yağmurun cama vurduğu damlacıkları, yanınızdan geçen arabadan gelen müziğin sesini, dışarıda şakalaşan öğrencileri vs. Tüm bu örnekleri kendinize göre çoğaltabilirsiniz.

An'a dönmek için "ŞİMDİ, BURADA, HEMEN".

%100 an'da olunmaz ama ona yakın olmak gerekir. An'da olunca bilinç açılır. An'da olmadığınızdaysa bilinçdışı çalışır. Bazı meslekler her an "an"da olmalı. Koruma görevlileri, devriye gezen polisler, güvenlik görevlileri, gece bekçileri vs.

Güvenlik görevlisinin veya bir korumanın işini yaparken tüm duyu organlarını kullanması gerekir, bu nedenle %100 an'da kalması esastır. Bu görevde çalışan kişilerin dış algıları ve zihinsel kapasiteleri yüksektir, zihinsel yorgunluk yaşarlar. Sürekli an'da olma hali vardır. Kendi sorunlarına odaklanmazlar. Bir başbakanın korumasını düşünün, *yanına yaklaşan adam kim? O ses nereden geldi? Bu koku ne?* diye düşünerek herhangi bir şey olmasın diye hep "an"da kalırlar.

Tehlikedeyken, korktuğumuzda an'da olma hali artar, sadece o an'ı yaşarız, farkındalığımız maksimum boyuta çıkar. Mesela gece geç saatte eve tek başınıza yürüyerek gidiyorsunuz. O "an"da duruşunuz dikleşir, adımlarınız hızlanır, en küçük sesi bile duyarsınız.

An'da olan insanların kendilerinden beklentisi daha yüksek olur. Yaşamaya değer tek şey "an"dadır. Yaşadığımızı fark ettirir. Hayat gerçekleri görmemize izin vermiyor, gerçekler kaçıp gidiyor. Baktığın değil gördüğün gerçekleri kaçırmamalısın. Bakmak, bir fotoğrafa bakmak gibi gözünün önündeki somut bir şeydir. Görmek hissetmek demektir. "Yanındayım, yanımdasın," demekle "yanında/yanımda olduğunu hissettirmek/ hissetmek" farklıdır. Eşinin yanında olduğunu bilmek ile eşini yanında hissetmek aynı şey değildir.

Eşinle akşam evde oturup sohbet ediyorsun, eşini dinlemiyor, yarın yapacağın alışverişi veya iş çıkışı mesai arkadaşının sana söylediği sözü düşünüyorsun. Eşinin mimiklerini görmüyorsun.

Eşin üzgün. (bakıyorsun)

Eşin (şu nedenden) üzgün. (görüyorsun)

"ŞİMDİ, BURADA, HEMEN" an'a dön. O an kaçtı mı artık bitmiştir, geçmiştir, yakalayamazsın. Hayatta durağanlık yoktur. Geriye gidiş yoktur. Zamanın durduğunu düşünürler, aslında tek şey an'ı kaçırmamaktır. Bak bitti az önceki "an".

İnsanları iyi analiz edenler an'da olanlardır. An'da kalmanın getirisi de var götürüsü de. Sürekli an'da kalmak her şeye çok fazla dikkat edip kafana takmana neden oluyor. Sürekli dikkatli olmak durumunda kalıyorsun. An'da kalmanın çıkarımları çok önemli. Çok fazla an'da kalarak sürekli her şeyi kafaya takmak, bunu negatif hale getirmek iyi değil. Bunun olmasını engellemek için, pozitif düşüncede olmak, kişiye mutluluk getirebilmesi içinse, bilinçli olmak gerekir.

Doğada en çok avlananlar an'da olurlar, avlanan tetiktedir, her an gelebilecek tehlikeye karşı kendini korumak ister. Avlayanlar daha rahattır, sadece avlanacakları, yani istedikleri zaman an'da kalırlar.

Öncelikle o an'ı yaşamayı istemek lazım.

"Şu an neyi düşünmek istiyorum?"

"Şu an eşimin benimle neden o şekilde konuştuğunu düşünmek istiyorum."

"Şu an, akşam ne yemek yapacağım onu düşünmek istiyorum."

"Şimdi burada ne yapıyorum?" diyerek an'a geri dön.

Evimde, salonda, camın önündeki koltukta oturuyorum.

Mavi gökyüzü, uçan kuşlar, geçen arabalar, elinde bir Türk kahvesi ve radyodan gelen hoş bir müzik sesi.

Bunlar aslında o an'da yaşadığın, ancak aklından geçenlerse eşin, işin, patronun veya çocuğun.

Kırmızı çorapları, yeşil pantolonu, mavi saçları var diye 12 yaşından 18 yaşına kadar başının etini yediğin çocuğunun büyüdüğünü, ergen olduğunu, yetişkin bir birey olduğunu kaçırıyorsun. Onu sürekli engelliyor, yapmaması gereken şeyleri söylüyorsun, sonra da o çocukla samimi olmayı bekliyorsun. Samimiyet bekleme. Neler kaçırdığının farkında mısın bu geçen 6 senede? *Keşke bir çocuğum daha olabilse, ne yaparsa yapsın, ne giyerse giysin yeter ki benimle anlaşsın, samimi olsun*, diye düşünür durursun. Evladın büyüdü, büyümesini kaçırdın, ne yapacaksın? Açığını torununla kapatacaksın. Torununun her istediğini yapacak, onu engelleyen anne babasına, "Karışma çocuk yapsın," diyeceksin. Ve bu sefer torun yüzünden evladınla çatışacak iletişim kuramayacaksın.

İnsanlar çıkarımlarını an'da yaparlar, çok aşırı (gelecekte yaşayanlar) hayalperestler ödeyeceği bedelleri, çok aşırı geçmişe gömülenler ise gerçeği göremezler. Geçmiş ve gelecekte duygusal yoğunluk vardır. Mantık an'da devreye girer ve der ki sana: "Hey, sen şu an'dasın!"

50 sene önce yaşayan insanlar daha çok an'da yaşardı. Çamaşır makinesinin merdaneli olduğu dönemi bir düşünün. Çamaşırı makineye atıp bekliyorsun, önce bir güzel yıkasın, içine suyu sen boşaltıyorsun. Sonra yıkanan çamaşırlar sıkılacak vs. makinenin başında beklemek zorundasın, yani an'dasın. Oysa şimdi çamaşırı makineye at, düğmesine basıp gel otur, başında

beklemeye gerek yok, makine çamaşırı yıkayacak, hatta deterjan bile çıkaracağı lekeyi kendi bulacak, sana ne mi kalacak? Tabii ki de çamaşırları asmak. Eskiden aşklar da an'da yaşanırdı. Neden mi? Telefon yok, bilgisayar yok, sosyal medya yok (twitter, msn, facebook). Sevdiğin cama ne zaman çıkacak, bakkala ne zaman gidecek? İş çıkış saatinde çöpü kapıya çıkarıp sevdiği adamın yolunu gözler, ona bir bakış atsın diye kendini göstermeye çalışırdı. Belki o an, onu göremediği her saat/gün aklına gelir, sevdiğini görene dek hayallerini ve rüyalarını süslerdi. Günümüzdeyse, aşklarda da an kalmadı. Her isteğimizde sevgilimizin sesini duyup onu görebilme şansımız var.

Şehrin içinde an'ı yakalayamıyoruz. Sürekli bir koşuşturmaca, telaş, yetişebilme, geç kalmama kaygısı taşırız. Sonuca odaklanırız. Oysa tatilde hep "an"dayız. Buradaysa süreç odaklı yaşıyoruz. Farkındalık artıyor.

Tatilde gördüğümüz bir ağacı incelemeye başlarız. Yeşilinin rengine, açan çiçeğin yapraklarına, duruşuna, kokusuna hayranlıkla bakarız, oysa şehirdeki evimizin bahçesinde de aynı ağaç vardır. Her sabah işe giderken ve eve dönerken o ağacın yanından geçer ve bakarız. Ama tatilde görürüz, inceleriz, ağacın, çiçeğin içine gireriz, bazen konuşuruz. O "an"ı yakalarız. Çiçeğin büyüme an'ını, güzel kokusunu, rengini...

Çocukların duygusal zekâ eğitimlerinde bir çiçek ekmesi, yavru bir köpeğe bakması istenir. Çiçeğin veya köpeğin büyüdüğüne şahit olması istenir. Onu seyretmek duygusal zekâyı artırmaktır, "an"ı yakalamaktır.

Çalışan anneler çocuklarının büyüdüğünü kaçırırlar. İlk an'larını göremezler. Bağımlılıklarda da bu vardır, büyüdükçe her şeyine tanık olma düşüncesi. Bağımlı anneler her an'ı yakalayabilmek adına çocuklarının dibinden ayrılmazlar, önemli an'larını kaçırmamak adına. İlk gülüşü, ilk kelimesi, ilk yürüyüşü gibi...

Dostlar ve/veya düşmanlar ilki yaşadığımız an'larda ortaya çıkar.

—Üniversiteyi kazandığınızda
—Yakınınızı kaybettiğinizde

İyi veya kötü yaşanılan her ne ise, ilkleri kaçırmak keşkelerimizin doğmasına neden olur. İlk an'ı yaşadığımız her zaman sevdiğimiz insanların yanımızda olmasını isteriz, bekleriz. Eğer bu an'larda sevdiğimiz insanlar yanımızda değilse, yalnızlık duygusu yaşanır.

Şu An'da Düşünelim

- İki tip izleyici kitle var: Uyuşmayı seven ve uyanmayı seven. Uyanmak; başlamak, fark etmek ve sorumluluk almaktır. Uyuşmak ise kaçmaktır.
- Elinden gelenin en iyisini yapsan da, bazen yanındakiler yüzünden olmuyordur ya da doğru zaman değildir. Fark etmen lazım.
- Benim için kötü dediğiniz her son, aslında zamanla iyiliğinize hizmet ediyor. Kısa vadeli düşünmeyin.
- Söylediklerinin sayısı, düşündüklerine yakın olmalı, yoksa kafa karışıklığı olur.
- Sahip olduklarının bedelini ödememiş birini hayatınıza alırsanız, sizinle az konuşur, çünkü zamanını kendisini anlatmakla geçirir.
- Beni engel olarak görürsen, sana engel olacağım der şimdiki zaman.
- Sizi yetiştirenlerle aranızdaki geçmiş bozuksa, şimdiki zamanda da aranızda probleminiz olur. Yanlarına gidip aranızı düzeltin ki, her şey düzelsin.

- Bazı insanlar vardır, sorunları konuşarak çözersin; bazı insanlar vardır, kırarak çözersin.
- Bir sürü maskem var. İstediğimi takıp herkeste başka bir ben bırakırım. Ama herkes aynı kişiyi gördüğünü sanır. Bu da benim oyunum (İNSAN).
- İnsan en doğru kararlarını, uzaklaşınca alır.
- Bazıları kendi yalnızlıkları bitene kadar yanınızda dost gibi davranır.
- Birine olan aşırı düşkünlüğünüz ona çok değer verdiğiniz anlamına gelmez. Kişi bu durumda, kendi beklentilerine daha çok değer veriyordur.
- İlk önce kazanırız sonra korumaya başlarız. Babadan kalanlarla, lotodan çıkanlarla uzun sürmez. Önemli olan, olanı koruyabilmektir.
- Bilgi kimsenin tekelinde değildir. İnsanları cahil ya da okumuş olarak ayıracağınıza, anlamış anlamamış olarak ayırın ki, okumuş cahilleri görün.
- Lütfen, kimsenin hayatında çok yer kaplamayın veya kimse hayatınızda çok yer kaplamasın. Kimsenin hayatında hiç de olmayın.
- İnsanın güvencesi azalınca, tedirginliği de azalacak ve daha cesur olacaktır.
- İyimserlik suiistimale açık olduğundan, sigortasıyla gezmeyi unutmayın. İyimserliğin sigortası TEDBİR'dir.
- Hayatın içinde mutlu olmak için bir şey yapmaya gerek yok, yaşamın kendisidir mutluluk. Sadece sizi mutsuz eden şeylerden arının yeter.

An'da Kalabilmek için Pratik Öneriler

1) Farkındalık

Sabah kalktığınızda, sadece sahip olduklarınızı düşünün. Sahip olduğunuz güzellikleri, pozitif şeyleri düşünün. Sağlıklıyım, elim ayağım tutuyor, gözlerimi bu sabah yine sıcacık yatağımda güzel bir güne açtım (pozitif düşünceleri kendinize göre çoğaltın).

Hayatta hiçbir canlı/cansız şey kötü değildir. Her şeyi kötü yapan da iyi yapan da insanın içinde taşıdığı niyettir. Birine bıçak verirsin ekmek keser, öteki gider adam öldürür.

Bazı kötü yetişmiş dediğimiz gençlerin çoğunun nedeni anne ve babasıdır. Ebeveyn geçmişte yapamadıklarını, isyanlarını, kıskançlıklarını, öfkelerini, çıkmazlarını, eksikliklerini çocuklarına yansıtarak onları büyütürler. Çocukluğunda çok acı çekmiş, ezilmiş bir ebeveyn çocuğuna, "Hakkını sakın yedirme, sakın hakkını almadan gelme, sana vurana sen de vur," der. Bu cümle çocukta saldırganlığa ve öfkeye neden olurken, başka bir çocukla çocuğunu kıyaslayarak, "Bak Ayşe'ye ne güzel yazmış, senin yazın kargacık burgacık," der. Bu cümle ise çocukta kıskançlık duygusunun doğmasına neden olur. Çocuğa bu şekilde yaklaşmak, yanlış bir davranıştır. Çocuğun kötü huylar edinmesine neden olur. Anne ve babanın çocuğuna söylediği her kötü ve nefret dolu cümle kendisine söylediği cümledir. Temelinde isyan ve kıskançlık vardır. Çocuk ile konuşurken kullanılan kelime ve cümlelere dikkat etmeliyiz.

Yaşanılan her olayın farkına varılmalı. Kötü şeyleri kabullenmek, etkisinden daha çabuk kurtulmaya ve o olayı çözmeye yarar. Reddetmek, olayın içinde kalmak demektir. Olaydan arınmak gerek. Bu da farkındalık sağlayarak kabullenmekten geçer. Farkında olmak, bir alışkanlık değildir. Alışkanlık ezbere yapılan bir şey, oysa farkındalık bilerek yapılır.

2) Şükretmek

Hayat da insan gibi canlıdır. Her ikisinin de neyine teşekkür edersen, daha fazlasını vermek ister.

Sabah uyanınca, sahip olduğun güzelliklerin farkında olarak aç gözlerini. Güne bir teşekkürle başla. Şükret hayata. Ve sihirli sözleri unutma. Uyanır uyanmaz söyle: "ŞİMDİ, BURADA, HEMEN."

Şükretmek içinde büyük, kocaman bir teşekkürü barındırır. İnsanlar gibi hayat da neyine teşekkür ederseniz, onu daha çok vermek ister size. İsyan etmek uzaklaştırır, şükretmek yakınlaştırır her şeyi bize. Teşekkür, her şeyden önce beynin en önemli ilacıdır. Yalnız bilmek ister beynimiz. Dillendirmeniz gerekir teker teker. Hatta sesli sesli söyleyin ki, iyice yayılsın. İçinizden sessizce söylediklerinizin gücü o kadar zayıftır ki, bağırmanız bile faydanızadır. Hani çok kızdığımızda karşımızdakine bağıra bağıra rahatsız olduğumuz şeyleri söyleriz ya, işte o kadar güçlü bağırmalıyız ki, kazınsın zihnin derinliklerine şükrettiklerimiz.

Uyan, burada ne var?

Yanımda eşim, diğer odada uyuyan kızım/oğlum, mutfaktan gelense annenin yaptığı mis gibi kızarmış ekmek kokusu. Şu an var olan şeyler iyi ki varlar de. Beyin aynı zamanda teşekkür ettiği her şeye odaklanır. Onu daha iyi tanır, onun varlığına inanır. Aslında teşekkür ettiğimiz her şey, özgürleştiğimiz şeylerdir. Yani o şeyle ilgili kabulleniştir. Bu kabulleniş zihni güçlendirir. Artık o konuyla ilgili acı duymayız. Öyle insanlar vardır ki, başlarına gelen acılara, hastalıklara ve olaylara bile teşekkür ederler. Böylece kabulleniş başlar ve o olayla baş etmek daha da kolaylaşır.

İsyanlarımız, dertlenmelerimiz altında kabullenmeyişlik barındırır. Bu sadece, acıları taze tutar. Ben burada size, her şeyi kabullenip oturun demiyorum. Ben başımıza gelenlere ilk önce teşekkür edip onlarla baş edebileceğimizi hissedelim diyorum. Yani mücadele devam edecek. Başımıza gelen iyi şeylere şükrettiğimizde artacak, kötü şeyler için de teşekkür edersek, savaşmak kolaylaşacak, çünkü her iyinin de her kötünün de hayatımıza girme nedeni var. Reddediş, nedenleri bulmamıza engel olur, kabulleniş nedenlerini buldurur.

Şimdi sizlerle bir egzersizi paylaşacağım.

Her sabah uyandığınızda ve her akşam yatarken, teşekkür edeceğiniz en az 7 şey düşünün. Bunlara odaklanabildiğiniz zaman, pozitif düşünce hem bedeninize hem de ruhunuza hâkim olacak, çünkü beyin neyle uyursa onu görür, neyle uyanırsa onu yaşar.

3) Başımda Şu An Ne Var?

Başına geleni değil, başında olanı fark et.
Başıma gelen ne? Aldatılma, iflas, işten çıkarılma vs.
Başımda olan ne? Ruh dünyam. Başına gelenleri nasıl karşılıyorsun? Olumlu mu, olumsuz mu?

Başına gelen şey kontrol dışındadır. Ruh dünyan ise senin kontrolündedir. Dışarıda lapa lapa kar yağması başına gelen bir olaydır. Oysa ona bakışın başında olandır.

Lapa lapa kar yağması başımıza gelen bir olay. O an'da bir anne ve çocuğun başında olanlar nedir sence?

Anne balkondaki çamaşırını düşünür, üzülür, çünkü tekrar yıkaması gerekmektedir. Çocuk ise kar nedeni ile okulların tatil edileceğini düşünür ve mutlu olur.

Başına gelenleri değil, başında olanları düşün. Olumsuz bakış açısından kurtul ve onu olumluya çevir. Bu da ancak an'ı yaşayarak olur.. An'ı yaşa. Davranışsal terapide; davranışlarının olumlu olabilmesi için düşüncelerinin de olumlu olması veya bunun tam tersi olarak düşüncelerinin olumlu olabilmesi için davranışlarının da olumlu olması gerekir.

Her sabah, "Bugün başımda ne var?" diye sor kendine. O gün olumlu mu, olumsuz mu gözlüğünü takacaksın buna karar ver. Neden-sonuç ilişkisi kurmalıyız. Akşam gergin uyuduysan sabah da gergin kalkarsın. Ancak uyandığında akşamdan dolayı böyleyim diyebilmelisin. Akşam ne yaşadıysam yaşayayım, bugün olumlu gözlüğümü takacağım demelisin. "Her ne olduysa olumlu davranıp olumlu düşüneceğim bugün," diye telkinde bulunmalısın kendine. Bu şekilde uyanınca, bir gün önce her ne yaşarsan yaşamış ol, olumlu düşünce ve davranışların yayılarak seni gün içinde daha sakin yapar.

4) İç Algı-Dış Algı

"AN"da kalabilmek için, iç algıdan dış algıya geçmek gerekir.

Dışındaki somut bir şeye odaklan. Canlı cansız fark etmez. Odandaki bir fotoğrafa, dolabına ya da kapıya, bir canlıya, evindeki bir çiçeğe odaklan. O zaman iç algıdan dış algıya geçiş yaparsın. Hayatta ilgi gösterilen her şey canlanır. İlgi gösterilmeyenlerse ölür. Neyle aşırı ilgiliysen ve neyle gereğinden az ilgiliysen, başına geleceklerle karşılaşacağın sorunlar bunlardan kaynaklıdır.

Arabanı hiç kullanmayıp otoparkta aylarca beklettiğinde de, kapasitesinin üstüne çıkarak onu çok kullandığında da, dağ bayır gittiğinde de sorun yaşarsın.

Evinle ilgilenmezsen (pislikten) de çok temizlersen (yorgunluktan) de hasta olursun, sorun yaşarsın.

Az ilgilendiğin kişiye karşı suçluluk hissedersin, çok ilgilendiğin kişiye ise bağımlılık geliştirirsin. Bağımlılık, bağımlı olduğun kişinin karşısında eziklik yaratır. Bu da güçsüz olmak demektir. Hayatta hiçbir şeyi "çok"lamayın, çok ilgili veya çok ilgisiz olmayın. Bir şey ile çok ilgilenmek veya ilgisiz olmak hata getirir. Kimsenin hayatında çok bir şey olmayın, bir hiç de olmayın. Kimsenin hayatında çok yer kaplama ya da kimse senin hayatında çok yer kaplamasın. Kişi annesinin yanında evlat, karısının/kocasının yanında eş olmalıdır. Sen evladının doktoru, psikoloğu, arkadaşı olamazsın. Evladının her şeyi OLMA. Çocuğunun her şeyi olmaya çalışmak, çocuğun özgüvenini geliştirememesine, kaybetmesine neden olur. Eşinin sadece eşisin, onun dostu OLMA. Eşinle %100 her şeyi paylaşacaksın diye bir şey yok. Dostlarımıza anlattığımız şeyler olmalı. Patronunun da çok şeyi OLMA, sadece işçisisin, onun şoförü olmamalısın. Bilinçdışın beklentiye girer, karşı tarafın olumsuz bir davranışında sinirlenen, üzülen, mutsuz olan sen olursun. Annenin yanında çocuk, bakkalın yanında müşteri, işyerinde bir çalışan, öğretmeninin karşısında öğrenci, eşinin yanında eş, çocuğunun yanında anne/baba olmalısın. Rollerine iyi bürün.

İnsan kendi hayatını, kendi yaşadıkça güçlenir.

Herkes Zengindir Ama Çoğu İnsan Fakir Yaşar

Zenginlik sofranda olanla ölçülür. Bankadaki paranla değil. Sofradan kalkınca, eğer masandaki yemekler bittiyse orta halli, bir şeyler arttıysa zengin, yemeğin yetmediyse fakirsin.

Sofrandan artanı çevrendeki canlılara verebiliyorsan, mesela bayat ekmekleri kuşlara, kalan yemeklerini kedi ve köpeklere veriyorsan zenginsin. Kuşa, kediye, köpeğe diğer canlılara verdiğin ekmek su sana geri döner. Doğa sana onu aynen geri verir. Çöpe atılan hiçbir şey geri gelmez. En büyük fakirlik çöpe yemek atmaktır. Artanı verdikçe alırsın. Fazla olan her şeyi diğer canlılara bırak. Eğer iyi bir insansan, batsan da bir gün tekrar çıkarsın. Canlı her şey, araya seni koyduktan sonra teşekkür eder Tanrı'ya, "……. bana bugün su verdi, ekmek verdi." Ve bir gün o su, o ekmek bir şekilde geri döner kapına. Hem de hiç beklemediğin an'da.

Kurnazlığının karşılığı hemen, iyiliğin karşılığı ise kırılma noktalarında görülür.

Unutma, azaldıkça çoğalırsın. Hadi AZAL…

An'da Mutluluk

İnsan bir olayı deneyimler ve geçmişe atar. Fakat sürekli zihninde tekrarlayarak taze tutar. Beyin neyi tuttuğu ile ilgilenmez. Acı ya da haz fark etmiyor. Beyin ne kadar tekrarladığı ile ilgileniyor.

Yani geçmişteki sizi mutlu eden ya da mutsuz eden şeylerin kullanma tarihi geçmiştir. Eğer siz geçmişteki mutlu an'ların aynısını yaşamayı beklerseniz, yenilenemezsiniz. Çünkü insanı mutlu eden şey, başınıza gelen şeylerin yenilenmesi ile olur.

Aynı olan şeyler tekrarlamaz ve tekrarlanmayan şeyleri beklemek hem tembellik hem de mutsuzluk getirir.

Yaratılışımızda yeniliği arama ve merak duygusu vardır. Yapmamız gerekense, özümüzde olanla bütünleşmektir.

O zaman mutluluk nerede diye sorarsak, geçmişte değil şimdiki zamanda, an'dadır. Geçmiş korkuları, gelecek endişeleri getirir. Korku ile endişe buluştuğu zaman insan şimdiki zamandan uzaklaşır. Sonrasındaysa yaşadıklarını gerçek zanneder. Bu zanlardır insanı hapseden.

Hapiste kulağımıza aynı sesleri verirler. Bu bir işkence modelidir.

"Başaramayacaksın, olmayacak, yine mutsuz olacaksın."

Eskiden uygulanan bir işkence tekniğini size anlatmak istiyorum. Yakalanan esirler üzerinde dönemin biliminsanları deneyler yaparlar. Savaş dönemlerinde güçlü olanlar zayıf olanları sadece yok etmezmiş. Bazılarını öldürmeyip esir alırlarmış, çünkü insanlar bilim için kobay olarak kullanılırmış.

Deney şöyle:

Bomboş, sessiz ve herhangi bir uyarıcının olmadığı bir odaya bir sandalye koyarlar. Gözleri kapalı bir şekilde sandalyeye esiri oturturlar. Eski su bidonlarını hatırlarsınız. Bu bidonu sandalyede oturan kişinin başının üzerine koyarlar. Tamamen boş olan bidon bir düzenekle esirin başının üzerine yerleştirilir.

Bidonun ağzından damla ile su bırakılır. Her bir damla bidona düştüğünde esirin beyninde, hafif gıdıklayan hoş bir ses yankılanır. Zaman geçtikçe su artar ve damlanın sesi de esiri rahatsız etmeye başlar, çünkü damlalar büyük yankılar oluşturuyordur. Ses ve yoğunluk o kadar artar ki dayanılmaz bir hale gelir. Bir düşünsenize beyninizin içinde devamlı ve yankılı bir şekilde "tınnnnnn tınnnnnn" sesi var.

Saatler sonra esirin kafatası bu basıncı kaldıramaz ve çatlar, böylece ölüm gerçekleşir.

Şimdi bunu neden anlattığımı soracaksınız. Biz o damlaları her an, sürekli kendimize damlatıyoruz. Aynı düşünce damlası içerden sürekli bize yankılanır. Örneğin, "Olmayacak, başaramayacaksın, daha da kötü olacak." Bu ve benzeri olumsuz düşünce damlalarının milyonlarca kez tekrarlandığını düşünürsek, kendimize yaptığımız işkencenin farkına varabiliriz. Kafatasımız çatlamaz ama psikolojik hastalıklar gelişebilir, en kötüsü de mutsuz olabiliriz.

Kendimize yaptığımız bu işkenceler bizi an'dan uzaklaştırır, çünkü bu olumsuz düşünce damlaları ya geçmişte yaşadığımız acıların ya da gelecekte yaşayacağımızı sandığımız acıların sonucudur.

1 dk Dur

Beden ile zihin arasında bir uzantı vardır. Zihinde bir şeyi çok tekrarlarsan davranışa dönüşür. Beyin bir şeyi çok istemene bakar. Beyin için önemli olan ısrardır. İnsanların an'da kalmasını engelleyen şeyse ısrardır.

Çocuklarda denetim olmadığından aklına geleni yapar. Büyüdükçe o mekanizmanın genişlemesi lazım, çünkü her istediğinde yapamaz. Kişiye davranışı ile ilgili ödev verildiğinde, 10 gün sonra inanç geliştirdiğinden bunu inandığı için yapacak, ödev olarak değil. İstenmeden tekrarlanan davranışlarda da inanç gelişir.

Israr önemli bir istek değildir. Israr için güçlü bir konsantrasyon gerekiyor. Öyle iste ki her sabah seni saat 06.00'da diksin ayağa. O kadar güçlü iste ki, isteğinin iyi niyeti varsa hiç durma. Aralıklı beklersen hiç durma. Azim engelleri, hırs ise hem seni hem karşındakini yok edecek.

Kiminin hedefi 1 yıl, kiminin 10 gün sınanır. Herkesin ısrar derecesi aynı değildir, olmayacaktır da. Senin ısrarın ile onun ısrarı aynı değildir. Rekabetini kendinle kıyasla. Başkasıyla değil.

Çocukların ısrarı çok kısa, yetişkinlerinse uzun. Ebeveyn 3 gün çocuğu ağlatsa, 4. gün istediğini yapıyor. Bıktırana kadar iste, azimle iste.

Beden ile zihnini aynı çalıştıracaksın. Bedeninle zihnini bir tutacaksın. Bedenin ile zihnini bir tutabilmek için 1 dk dur.

Önce bir hedef canlandıracaksın. Sonra bir beden pozisyonu alacaksın (davranış bozukluğu, oto kontrol, duygu kontrolü olan çocuklarda da uygulanır). Aynı pozisyonda kal. Sadece nefes alıp vereceksin. Bedenini de zihnini de durduracaksın.

O sırada aklına başka bir şey gelirse pozisyonunu değiştir. Ve yeniden dene. En etkili boyutu ise, gözlerinden yaşlar akınca, her yanın ağrımaya başlayınca bilinçdışına aktarılıyor demektir.

Travma anında donmayla bilinç (anlık) gider. Bilinçdışı açılır. Acı zihninde yaşadığın bilinç gittiğinde, acı bilinçdışında yaşanır. Zihinde oluşur. Her yanın ağrıyana dek bunu yapacaksın.

Örneğin çocukları ilk hafta koşturup durdurun ve 30'a kadar sayın. Bir hafta sonra bunu 60'a çıkarın. Çocuk kendini kontrol etmeyi öğrenecektir.

Beyin bir şeyi ne kadar istediğine bakıyor. İyi insanlar, iyi hedefler bazen çok ısrar edersen olmaz. O zamanlarda hayat şimdi değil der, zamanı bekletir. Bir süre sonra yapar. Bekleme sırasında kötü niyet geçirmeyeceksin aklından.

Eninde sonunda her başarılı insanın hayatında ısrar vardır. Kötülüğünüze ısrar eden de çıkacaktır, düşüncesinde ısrar eden insanlar da.

Niyet

Tüm insanlar iyi doğarlar ama sonrasında kötü olurlar (bunu seçerler). En patolojik insanlar dahi iyi doğarlar. Hayat diyor ki, doğumda iyi doğdun. Ölünce de iyi ol. Temiz doğdun temiz gel. Bebek de yıkanır, ölü de yıkanır. Toprak pis istemiyor, ama hayatta güçleneceksin fiziken ve ruhen.

Asıl olan ruhun temizliği. İyi niyetli olmayı öğrenmen gerek. İki niyet var: Ya iyisindir ya da kötü.
*Yaptıklarının karşılığını değil, niyetinin karşılığını alırsın.
**Yaptığının karşılığını hemen, niyetinin karşılığını ise daha sonra alırsın.
Bir an'da canım, bebeğim, dostum diyene inanma. İyiliğin altındaki niyet önemli.
Neden hayatıma sürekli insanlar girip çıkıyor?
Birine iyilik yaparsın, başkasından iyilik görürsün eninde sonunda.
Sadaka ömrü uzatırın karşılığı, iyilik ömrü uzatır, düzelmesine kalite katar.
Nasıl doğduğun değil, nasıl öldüğün önemli. Doğumunu hatırlamazsın ama nasıl öleceğini hissedersin.
Yaşamdaki niyetin ne?
Evlenmedeki niyetin ne?
Diş fırçalamadaki niyetin ne?
Ona iyilik yapmak hoşuma gidiyor. Veya güvendiğinden, inanmadığından bir teşekkür eder diğeri?
Niyet önemli, peki ne niyetle yapıyoruz?

Bir şey yaparken, kendinize niyetlenirken yanına (+) koyun ki başkalarına da yararlı olun.

Ben bunu yaparken bu benim için iyi olacak, ama bunun yanında eşime, çocuğuma, aileme ve ülkeme de faydalı olacağım.

PC'de, TV'de an'da kalma yok. An'da kalma alışveriştir. Bitki yetiştirme, kedi besleme, yavrunu sevme vs.

Ağız yalan söylemek için gelen bir uzuv, ağız dışında hiçbir uzuv yalan söylemez.

Yavaş ye (an'da kal).

*En önemli tekniklerden birisi.

Nasıl yemek yediğine dikkat et. 21 gün sürecek. Yemek yerken ağzını yavaş açıp kapa. Yemek yerken beynindeki nöronlar çok hızlı hareket eder. Ağzını yavaş açıp kapadıkça nöronlar yavaşlar. 1 hafta yeterli bir öğün seç ve öğüt.

Tenceredeki yemek (pilav), altını çok açtığında yanar. Kısık ateşteyse ısınır. Hastalık bize yavaşlamamız için verilir. Grip olursan yatman gerekir.

Beden ve ruh beyinle uyumlu olmalı, bu egzersiz ikisinin bir arada olmasını sağlar.

Ağzını yavaş açıp kapatınca (yemek yerken) zihin de yavaşlar.

Bedeninde tekrarla ki zihnine gelsin.

Etçil hayvanlar agresif, otçul hayvanlar mutludur (sebze ve et ağırlıklı beslenenlerin ruh halleri farklıdır).

Bir kişinin kişiliğini ve de neler yapabileceğini anlamanızın bir yolu da, ısrar ettiği şeylere bakmaktır.

Sorunu çöz, çözemiyorsan haddine düşeni kabullen. Orda çok

beklentiye girme, her sorun bana ait değil, başkalarına da ait.

Bir şey için uğraş, sonuç alamadın, bir daha şans ver, birkaç defa. Israr çok önemli.

Az konuş (sessizlik yasası).

İletişimde ve konuşmada aktif olan, dinlemede ve anlamada pasif olur.

Bir şeyde çok aktif olmaya çalışma. Çok aktif olunca an'da kalma pasifleşiyor.

Çocuk bir ebeveyni an'da tutan bireydir. En iyi ilaçtır evlat. Yaşlıya bakınca an'da olamazsın. Yaşlıların anıları vardır.

Çocuk çok şey öğretir. Yaşlı ile terbiye olursun, onun yanında kabullenirsin, ders çıkarırsın. Çocuk ise öğretir.

Dünyanın en kötü, en yaramaz çocuğu da olsa, kin beslemezsin ama kötü yaşlıya kin beslersin. Çocuk seni iyileştirir.

Az konuşan insan az mesaj verir. Bir düşünceyi öğretmek değil. İçeride üretirsin.

Nefreti var ve gidip (çok fazla) konuşuyor, bu rahatlamak değil, yeniden yaşamaktır.

Her pis duyguyu, temizini kullanarak bitirirsin.

Nefret=Sevgi

Çok konuşanların düşüncelerinde samimiyetsizlik vardır. Çok konuşan ya saklar ya abartır. Mutlaka bir şey vardır. Pazarlamacı, siyasetçi vs.

Çok konuşunca hayatınla ilgili bilgi verirsin. İnsanoğlu buralarda kazık atar.

Susma ama az konuş. Yapacaklarını, düşündüklerini çok anlatma, her insanın iyi enerjisi yoktur.

Aşırı kahkaha ve aşırı ağlama iyi değildir, stresten kaynaklanır.

Beden de zihin de aşırıyı sevmez, hiçbir şeyin fazlasını yapma.
Oyunla başlar, sonra kimlikle davranışa dönüşür.
Bedende yavaş yapılan, zihindeki süreci yavaşlatır.
Hızlı düşünen, bir şey yapmayanlarda patlamalar olur.

1 Dk'da Mutluluk Var

İyi ya da kötü, olumlu olumsuz her şeyin farkındalığına bir dakika deyip ulaşırız. Ne yaparsak yapalım, ne yaşarsak yaşayalım öyle anlar gelir ki bir düşünce, bir resim, bir ses, bir koku bize o an'da bir dakika der, o an'da bırakır ve fark ettirir gerçekleri. Belki o bir dakikada ulaştığımız farkındalık acı verir, belki mutluluk, belki pişmanlık ya da utanç. Ne olursa olsun bir farkındalığa götürür hepimizi.

Olayların, ilişkilerin, yolculuğun içindeyken kişisel beklentilerimiz yüzünden gerçeği %100 göremeyiz, çünkü hayallerimiz, ümitlerimiz, egolarımız buna engeldir.

İnsan hep kendi hazzından yana olduğu için, gerçek sesi duyması imkânsızlaşır.

Dikkat ederseniz bu tip durumlarda bazı insanlar, bize yaptığımız ya da yapacaklarımızla ilgili uyarılarda bulunurlar. Hayallerin büyüsü yüzünden onların bir dakikalık uyarıları bize engel gibi görünür ve canımızı sıkar.

Biz daha işe, ilişkiye başlamadan önce olumsuzluğun hayalini bile reddederiz. Bu hal bizi iyice savunmasız yapar.

Sadece hayallerini kendine zırh yapan kişi, ileride ufak bir engelde bile büyük bir savaşta yenilmiş gibi yorgun düşer. Çünkü aklınla çıkmadığın yolculukta ayakların yere basmaz. İnsan havadayken gideceği yönü rüzgâr belirler. Direksiyon ise egosundandır. Ego durmaz, durdurmaz, önüne çıkan her şeyi kırar döker, böylece sadece kendi kazanmak ister. Bir başarıda sadece bir kişi varsa, o kişi zalimdir. Her başarıda bir ekip vardır, çünkü her insan bir diğerinin başarı yolculuğunda görevlidir.

Bazı insanlar başkalarının desteğini, onların yapması gereken zorunlu bir görev gibi görür. Bu bencilce bir düşüncedir.

Bu kadar uzun bir yaşam yolculuğunda insan kendine bir dakika dur diyebilmeli. Durmak düşünmeyi getirir. Sürekli durmak ise tembelleştirir. Bu nedenle ara ara birer dakikalık molalarla yolculuğa devam etmeliyiz. Belki de bunu yapabileceğimiz en zor yüzyıldayız. Zamanın hızlı aktığına, ömrün kısacık olduğuna, her şeyin zorlaştığına o kadar inandırıldık ve inandık ki, hızlı hareket etmekten başka yol yok gibi geliyor. Bu kadar hızın içinde kendimize yaptığımız ikinci yanlışsa, başkalarıyla kıyas ve rekabet içinde olmak.

Hiçbir başarı ve mutluluk, kendimizi başkalarıyla kıyaslayarak oluşmaz. Böyle bir durumda oluşan sadece geçici hazlardır.

Peki, haz mı, mutluluk mu? Haz kısa süreli ve bir nedene bağlı olan zevk durumudur. Mutluluk ise bir nedene bağlı olmadan kişinin kendisini güvende, huzurlu ve emin hissetmesidir. İnsanlar mutluluğu piyangodan büyük bir ikramiye kazanmış bir kimsenin çığlık çığlığa zıplayıp hoplaması gibi bir şey sanıyorlar. Bu mutluluk değil, hazdır. Zıplamanın nedeni paradır. Bir şeye sahip olmamak, yani bir şeyin yokluğu size sürekli acı veriyorsa, siz ömrünüzde mutlu olmak için değil haz sahibi olmak için yaşıyorsunuzdur. Alkol içmek haz verir ama mutlu etmez. Sürekli alkol içen kişi özündeki mutluluğu tükettiği için, özünde olana sahip olmak için daha sık içmeye başlar. Hazları depolar ama bu hazlar mutluluğun bulunduğu öze inmez. Yüzeyde kalır, anlık yaşanır ve gider. Kişi iyice eksilere iner ve yaşam kalitesi düşer.

Karşısındakinin dış görüntüsünü, parasını, konumunu, sahip olduklarını sevmek demek, haz duymak demektir. O zamanlar içinde kişi sürekli haz duyduğu için kendisini mutlu zanneder. Zamanla birikmiş, engellenmiş olumsuz duygular ortaya çıkar. Kişi mutlu olamadığı için acı çekmeye başlar, çünkü karşısındakinin özünü sevemediği için dışında gördükleri anlamını yitirir. Zamanla yanlış yaptığını anlar ve mutsuzlaşır. Bir süre reddeder. Daha çok güzel görünme, daha çok para harcama, gezme gibi davranışlar sergiler. Zamanla bir maske yaratır. Güven ve mutluluk maskesi. İçi negatifleştikçe dışını daha renkli ve pozitif göstermeye başlar. Dıştaki aşırılıklar içteki uyuşmazlıkları kapatma çabasındandır.

Çoğu kişi böyle durumlarda sahip olduğu hazlardan da vazgeçip özüyle yüzleşecek gücü kendinde göremez. Bu sebeple onu mutlu edeceğini sandığı her şeye sarılır. Sorgulamadan sarılır. Bu eşi aldatma, alkol, uyuşturucu, tüketim çılgınlığı, aşırı estetik, herhangi bir şeye aşırı yönelme olarak da gözlemlenir.

Daha da güçsüzleşir ama farkında değildir. Sorunlar ufak da olsa, artık yıkımları büyük olmaya başlar. Sıra bekleyemez, ufak gecikmelerde öfke nöbetleri geçirir. İstekleri olmadığında çıldırır. An gelir fazla merhametli, an gelir fazla acımasız olur. Küçük şeyleri büyütüp büyük şeyleri basit görmeye başlar. Zamanla mutsuzluğunun nedenlerini arar. İlk önce nazara bağlar, batıl inançlar geliştirebilir, başkalarını suçlama eğilimi artar. Geçmişe gider ve kendisini yetiştirenleri eleştirecek yanlar bulur. Ama hâlâ kendisiyle yüzleşememiştir, çünkü kendisinin dışında bir sorumlu arar. Başkalarına karşı geliştirdiği bu kadar enerjiyi taşıyamaz hale gelir. Ruhsal anlamda çöker. Depresyon ve depresiflik artar. Dünya artık onun için dardır, sınırlıdır, mutsuzluk yeridir. Kendisine sunulan güzellikleri göremez ve herkes mutlu sadece kendisi mutsuzmuş gibi algılar. Kitaplar okumaya başlar. Kişisel gelişim, psikoloji, başarı hikâyeleri gibi. Uzmanları dinler, seminerlere katılır. Birçoğundan öğrendiği şey şudur: Mutluluk ve huzur kendi içinde, kendini keşfet, özüne sığın, doğru yolu bulursun. Dener, dener, dener ama olmaz, çünkü insan kendine sığınarak çözüm bulamaz. Kendine sığınmak demek, sığındığın şeyin güçlü olması demektir. Bu kadar güçlüyse, neden bu kadar aciz ya da çözümsüzdür. Başından sonuna kadar dayandığı, sığındığı şey, haz veren somut şeylerdir. Eksilttiği mutluluk yüzünden kendi içinde de güçlü bir taraf kalmamıştır. İçinde gittiği her yer daracıktır. Tuttuğu her şey elinde kalır. Ve onlar ki, çözüm %100 kendisinde değildir.

Şu An'da Düşünelim

- Beynimizin sağ ön bölgesi haz, zevk ve lezzetle ilgiliyken, sol ön bölgesinde ise acı, elem ve kederden kaçma alanları vardır. Her insan aynı yeri kullanmaz.
- Bazıları ulaşamayacağı şeyleri sever, karşılık göremedikleri zamansa öfke ve nefret kusarlar. Neyi ve kimi sevdiğin de önemli.
- Sadece yer kiralayabiliriz başkalarının gönlünde, AMA yer sahibi olamayız.
- Belki bulacaklarınızdan korktuğunuz için kendinizi tanımak istemiyorsunuz.
- Şu an'la aranız nasıl? Onu dost mu düşman mı zannediyorsunuz?
- Yanlış insanlar hayatınıza girmişse sevinin, çünkü doğru insanı bulmanız için gelmişlerdir.
- Öğrenmeye kapalı insanları eğlendirmek, açık insanları ise bilgilendirmek çok kolaydır.
- Eskiden oyunlar daha çok oynanırmış. İletişim ağırlıklıy-

mış her şey. Şimdilerde ise oyunlu değil oyuncaklı olmuşuz. Oyuncağımız çok, iletişim yok.
- Bereket, hareket halinde olursan olur.
- Huzuru azalan toplumlar belirli günlerde mutlu olmanın peşinde koşmaya başlarlar. Hiçbir özel günü atlamayız ama her günümüz acı dolu.
- Her şeyin dışıyla ilgilendik hep. En güzeli olsun diye en iyisinden uzaklaştık. Bir insanın her yerine estetik yapabilirsin ama beynine asla.
- Çıraklığını yaşamadığın bir şeyin, ustalığını da yaşamaya hakkın yok. Tepeden inme gelenler için durum ayrı. Onlar da zamanla kaybolurlar.
- Hepimiz doğruları istiyoruz, ama güzellerin peşinde koşuyoruz.
- İçimde yaşadıklarımı dışımda göremezsiniz.
- Uykusuzluk yoktur, uyanık kalmak vardır. Her beyin uyumak ister ama bazı ruhlar uyumayıp sürekli düşünmeye alışmıştır. Uyanık kalarak...
- Her şey zıddını var eder. Yani anlık tüketime dayalı hazlar arttıkça, sürekli haz ve mutluluk azalır.

Hep Başkasının Söküğü

Hep başkasının söküğünü görüyoruz önce. Kimimiz ayıplıyor ama söküğün var demiyoruz. Kimimiz yanına gidip sessizce söyleyip dikmesine yardım ediyoruz. Kimimiz görüyoruz ama görmemezlikten geliyoruz. Kimimiz herkesin içinde bağıra bağıra söylüyor, sonra da yardıma koşuyoruz.

Aslında kendimizi düzeltiyoruz bir başkasında.

Bu bazen çocuğumuz olabiliyor. Kendi geçmişimizden yola çıkıyoruz çoğu zaman.

Neye hasret kaldıysak, çocuğumuza fazlasıyla verip bıkmasını istiyoruz.

Neleri başaramadıysak, o başarsın diye didinip duruyoruz.

Nerde kısıtlandıysak, orada özgürleştiriyoruz çocuklarımızı.

Ne kadar ağladıysak, o kadar gülsün istiyoruz, çünkü ağladığında bizi ağlatanları hatırlıyoruz.

Başaramadığında başarısızlıklarımız geliyor aklımıza, üzülüyoruz.

Galiba hepimiz, kendimizi çocuklarımızda tamamlıyoruz.

Bazen kızıp küsüyoruz, o düşünüp akıllansın diye değil, dinlenip tekrar güç toplamak için zaman yaratıyoruz.

Yesin istiyoruz yemediğimiz kadar, giysin istiyoruz giyemediğimiz kadar.

Aslında o yedikçe biz doyuyoruz, o giydikçe biz mutlu oluyoruz.

Galiba hepimiz, kendimizi çocuklarımızda tamamlıyoruz.

Geçmişten geldiğimiz için biliyoruz neler yaşanacağını, korkuyoruz. Onların başına gelmeden neler olacağını anlatıyoruz, ben zamanında önlem almadım, onlar alsın istiyoruz.

Saklıyoruz hatalarını, eksiklerini, bilenlere mahcup olmamak için.

Arada kızıyoruz aldığı notlara.

100 puanlık yetiştirirken 70 puanla karşılık vermesine dayanamıyoruz.

Bir taraftan onları düzeltmeye çalışırken, bir taraftan biz aynı kalıyoruz.

Çünkü bizler onları kendimiz zannediyoruz. Daha kolay geliyor insana çocuğunu yenilemek.

Kendimize hak görmüyoruz değişimi, çocuklar varken ne gerek var diyerek.

Aslında her anne baba, kendilerini tamamlamak için kendilerinden bir parça getirirler dünyaya.

Kendilerine adayamadıkları hayatı onlara adamak için.

Çok verdikçe köle, az verdikçe zalim oluyorlar çocuklarına.

Sonra yalvarıyoruz Allah'a, "Allahım çocuğumdan önce benim canımı al, onun acısını bana gösterme," diye.

Çünkü ben gidersem, o zaten ben olarak yaşayacak, ama o giderse ben diye bir şey olmayacak.

Çünkü her evlat annenin, babanın bir parçasıdır diyoruz.

Evlendiriyoruz mutlu olsunlar diye, yine de tam inanamıyoruz emanet ettiklerimize, çünkü kendimizi emanet ediyoruz ele.

Bakıyoruz ki kopmak istiyorlar bizden, inanmıyoruz.

Başkasıyla bütünleşmek istiyorlar, hevestir diyoruz.

Sonra ısrar ediyorlar...

Bir gerçek gümbür gümbür geliyor düşüncelerimize.

Ne evlat ne de bir başkası sana ait değil, sen değil.

Senden bir tane var.

Bir tane doğdun,

Bir tane yaşıyorsun.

Evlat dediğin her çocuk,

Geçici misafirlerin.

Üzücü Olayların Ardından Ne Gelir?

Cemalnur Sorgut'u dinlediğim yıllarda bu kitap üzerine çalışmalar yapıyordum. TV programlarında izlerken başına gelen sıkıntılara şükrettiğini anlatıyordu. Acılara, felaketlere şükretmek ne demekti? Biz toplum olarak gelen huzura, mutluluğa, sağlığımıza şükretmeyi öğrenmiştik. İşlerimiz yolunda gittiğinde, felaketin eşiğinden döndüğümüzde şükretmek gerektiğini bilirdik. Peki, ne anlatmaya çalışıyordu Cemalnur Hanım? İnsan neden felakete düşer ki? Hayattan size gelen sinyalleri doğru okuyabilmenin önemi ortaya çıkmaya başlıyor. Bizler genelde başımıza gelecek iyi ya da kötü şeylerin ön sinyallerini alamıyoruz. Alamadığımız için de bir an'da karşılaşınca şoka uğrayıp isyan edebiliyoruz. Ya da iyi bir şeyde hakkımdı diyebiliyoruz. Asıl olan, neyin arkasında, ne gizli? Yani gelenin ardında ne var? Eğer sadece gelene odaklanırsak, gerçekten uzaklaşmaya ve ardından gelene hazırlıksız yakalanmaya başlıyoruz. Bizi yaratan ilahi güç bizim gibi zalim değil. Asıl zalim olan insandır. Zalimliği de birbirine yapar. Ama çoğu, kendisiyle başkasını kıyaslayıp Allah'ın adaletini sorgular. Başkasındakini kendindekinden eksik ya da fazla gören biz değil miyiz? Kendimizden uzaklaşıp başkasıyla kıyaslayan biz değil miyiz? Allah mı söylüyor sizce başkasına kötülük yap, onun hakkını ye, onun hakkında yalanlar söyle diye. Mutlak güç iyiliği, doğruluğu istiyor ama bize doğruda gitmek zor geliyor. Karşımdakini kendimle kıyasladığım an başlıyor cehennem hayatı. O güzel Yaradan, insanları dili, dini, rengi, düşünceleri ve inançlarına göre ayırmazken bizim haddimize ne?

Adalet bu dünyada olmaz, çünkü ego sahibi insanlar oldukça, adalet Allah'ın yanındaki yaşamda ortaya çıkacaktır. Adaletsizliğimizin içinde gerçeği bulmaktan başka yolumuz yok. Senin dert dediğini şerbet diye içecek olanlar, senin şerbet dediğini zehir gibi görenler var. Kıyaslama başkasıyla kendini. Senin tek rakibin, tek düşmanın, dostun yine sensin. Kendini kendinle kıyasla. Dünkü senle şimdiki seni kıyasla. Bunun için de yaşamın sana gönderdiği mesajlara bak, ne söylüyor ve gerçekte ne anlatmak istiyor?

Başına gelen hiçbir şey gördüğün gibi değil, çünkü sen ona zamanla anlam yükleyip başka bir boyuta taşıyacaksın. İyileri karşılamayı bildiğin gibi, kötü gibi gözükenleri de karşılayabilmelisin. İşte o zaman pazarlıksız bir kul olabilirsin. İyi isterim, kötü gitsin demek, Yaradan'ın adaletini onaylamıyorum demektir. Yaşamın dinamiğini kabul edemiyorum demek, egomu kırmam demek. İyi olan her şey kötü gibi gözükenlerin ardında gizlidir.

Felaketler kaçınılmazdır. Ölene dek başımıza küçük büyük felaketler gelmiştir, geliyor ve gelecektir de.

Kötü şeyler başımıza geldiğinde aklımıza şu gelsin; her felaket ardında bir iyilik ve güzellikle gelir. Sadece aradaki zamanı biz bilemeyiz. İşte o zamana dek sabır göstermeliyiz. Ardından gelecek iyiliğe kavuşabilmek için önden gelen felakete hoş geldin demek gerekir. Seni kabul ediyorum, sen Allah'tan geldin. Mesajınla geldin, öğretmek istediklerini anlamaya çalışacağım. Anlayacağım ve beraberinde getireceğin tüm güzellikler de şimdiden kabulümdür. Tam teslimiyet budur. İyi kötü her şeyi kabullenmektir. Burada Cemalnur Hanım'ın da anlatmak istediği, felakete şükretmek insanı mutlu etmez. İnsanın tam teslim olmasını sağlar. Eğer ki teslim olmaz, kabullenmezsek, karşıt düşünceler üretip reddederiz. Sonunda gelecek olan müjdeyi de istemiyorum demiş olur ve kaybederiz.

Kabullenirken de dikkat etmemiz gereken en önemli şey, hangi yanımızın terbiye edilmek istenildiğini bulmaktır. Belki sabrımızın, belki öfkemizin, belki kıskançlıklarımızın, belki de şükürsüzlük yanımızın iyileştirilmesi gerekiyor. Bir kere ile olmayacak bu sınav. Ölene dek devam edecek, çünkü insanoğlu her defasında müjdesini açınca tekrar şaşmaya meyillidir. Bunu en iyi bilen de bizi yaratan ilahi güçtür. O sınav yapmaktan bıkmaz, bizim de öğrenci olmaktan bıkmamamız gerekir.

Başımız sıkıştığında, işler kötüye gittiğinde hastalandığımızda, kaybettiğimizde vb. durumlarda ilk önce kabullenelim, ne öğretilmek isteniyor öğrenelim, sonra da sabırla mücadelemizi verip bekleyelim.

Ben kötülüklerin ardına konmamış iyilik görmedim.

Dünyanın en kötü insanının başına bile bir felaket geldiğinde, ardında iyi bir şey vardır. Sadece öğretmesi gerekeni bulmalı.

Dur demiyor ona, bırak artık bu kötülükleri. Bak kaza yaptın, birilerini kaybettin, iflas ettin. Dur artık.

Dur ki iyiliğin gelsin. Kimi an'lar, öğrenir ve zamanla bu müjdelenir. Kimi egosuna yenilip devam eder kötülüğe. Ardından gelecek olan iyilikten olur ve sürekli zayıf olan öğrenci gibi başarısız olur.

Güzel Allah en iyi, en kötü insana insan olarak bakıp devam eder vermeye, çünkü düzelmeleri için fırsatlar hazinesi vardır.

Zalim olan biz insanlar, biri bir hata yapınca ölene kadar etiketlemeye meyilliyiz. Bazı şeyleri affedebilmeli, bazı şeyleri ise affetmemeliyiz. Affetmediklerimiz ise bize öğretilen şeylerle gelir. Onu da fark edebilmeliyiz.

Bilerek Sevmek Gerek

Kalbe olumsuz duygular girince dilini,
Kalbe olumlu duygular gelince dilini bırak,
Kalple dil bir çalışır.

İnsan hayatı duygularla, yani kalbi ile sever ama hayatı aklıyla öğrenir. Dilinden dökülenler ise aklı ile kalbini ne kadar kullandığını gösterir. İnsan vardır her şeye kalbi ile yaklaşır, kalbi iyi ise saf gelir, samimi gelir ama kırılgandır, başkaları üzer.

İnsan vardır her şeye aklı ile yaklaşır, kalbi taş kesilir konuşurken, soğuktur, çabuk kırar, zorlaştırır hayatı.

Gerçek şu ki, kalbimizle karşılamalıyız başımıza gelenleri, sonra aklımızdan geçirip değerlendirmeliyiz. Akıl da onay veriyorsa, kalple sarılmalıyız gelenlere. İkisini de kullanacaksın ki, yorulmayacaklar. Biri diğerini destekleyecek ki yalnız kalmayacaklar. Her şeyi akılsızca, sadece sevmek saflıktır. Her şeyi kalpsizce, sadece akılla yorumlamak da katılıktır.

Ne saf ne de katı olacaksın. Rengârenk, mis kokulu bir çiçeğe bakınca içinden akan sevginin hoşnutluğu, onu koparmadan

kabullenen kalbindir. Sonrasında o çiçeğin nasıl oluştuğunu, nasıl evrelerden geçtiğini öğrenmek isteyen aklındır. Aklını, ilmini, mantığını ne kadar çok kullanırsan çiçeğin sevilecek yanlarını da artırırsın. Hani bir söz vardır insanları sevmek ile ilgili: "Yaradılanı severim, Yaradan'dan ötürü."
Ne kadar güzel ama ne kadar da önemli ve derindir.
İyiyi de kötüyü de Allah yaratır. İnsanın iyisi de kötüsü de aynı şekilde saf ve temiz gelir dünyaya. Bu Yaradan'ın mucizesidir. Yalnız bazıları iyi kalmayı, bazıları ise kötü davranışlar sergilemeyi seçer. Seveceksin temiz doğanı, ama kalbinle bakacaksın iyi mi kötü mü diye. Davranışlar iyi ise sevgin artacak, kötü ise azalacak. Sevgi insanın dünyasında yer açar. Bilgi ise açılan yerlere gelecek olanları belirler. Yani sevilecekleri getirir insanın gönlüne.

Mis gibi temiz, sıcak ve güneşli bir sabaha uyandınız. Gözlerinizi açtığınızda odanıza giren güneş ışığı dünyanızı aydınlatmaya başlar. Açtınız perdeleri, güneşin ışığı lamba oldu odanıza, neşeniz arttı. Camı açınca güneşin sıcağı dokundu teninize, derin bir nefes alıp verdiniz. Bu muhteşem olaya kalple bakıp şükrettiniz gününüze, sonra bir sevdiğiniz girdi içeriye ve geldi yanınıza istediniz ki, o da sevsin bu güzel günü.

Öyle bakakalmışken kalple güneşe, yanındakinin dilinden aklı ile bir bilgi düştü:

Güneş, "..," dedi.

Aklınızla açınca bu bilgiyi, sevginiz daha da arttı güneşe, çünkü artık güneşi bilerek sevmeye başladınız.

İnsan, insanı da bilerek sevebilmeyi öğrenmeli. Öyle körü körüne sevmek diye bir şey var ise, bu cahilce sevmektir. Duygularımızı köreltir, bizi bağımlı hale getirir bilinçsizce sevmek. İnsanları tanıyarak sevmeyi öğrenmek zorundayız. İnsanlar Allah tarafından yaratıldığı için sevilir ama yaşam şekillerine göre sevgi ayarını yapmak gerekir. Güzel ülkemde ne kadar çok yanlış insanları sevip de acılar çekenler var. Tek suçum sevmekti demek bir kaçıştır aslında. Bilinçli sevmedikçe hep suçlu oluruz. Gerçekten tanıyor musunuz sevdiklerinizi? Sadece düşünelim bir an da olsa. Birlikte bir egzersiz yapalım, bunun için kâğıt kaleme ihtiyacımız var.

En çok sevdiğiniz üç kişinin ismini yazın.
Her biri ile ilgili yedi özellik yazın.
Örneğin; Eşim Ayşe:
1. İyi niyetli
2. Fedakâr
3. Sinirli
4. Kontrolcü... gibi sıralayıp, acaba onu ne kadar tanıyor ve hangi özelliklerini seviyorsunuz.

Ve hangi özelliklerinden dolayı bazen sevginiz azalıyor. Bu çalışmayı yaptıktan sonra kâğıdı karşınızdakine verin, aynı çalışmayı onun da yapmasını isteyin. Sonra kâğıtlarınızı karşılaştırıp tartışın.

Birbirinizi tanıyor musunuz?

Hangi özellikler sevginizi artırıyor ya da azaltıyor diye karşılıklı sohbet edin.

Bazen dünyanın getirdiği sıkıntılardan uzaklaşıp an içerisinde bu tip çalışmalar yaparak şimdiki zamanın tadını çıkarabiliriz.

Boş Zamanın Varsa Kurtul Ondan

İnsan ruhunun, zihin işleyişinin garip bir dinamiği vardır. Uğruna ömrünüzü adayacağınız amaçlarınız olmalı. Hayatta ne ile uğraşıyorsak, dünyanın en önemli işiymiş gibi davranmalıyız. Yaptığımız işten tutalım, dostlarla hoş sohbet ederken bile, çocuğunuzla ilgilenmekten, bir hayvanı severken bile o an için en önemli şeymiş gibi yapmalıyız bunu. Yaptıklarımıza bu kadar yoğun motivasyon ve iyi niyet kattığımızda, zihnimiz iyileşmeye, güzel düşünmeye başlar. İnsan ruhu düşüncesizlikle, boş kalmayla dinlenmez, en güzel şeyleri en samimi şekilde yaptıkça dinlenir. Çünkü zihnimizin hiçbir şey düşünmediği an yoktur. Biz düşünmediğimizi sandığımız an bile o düşünmeye, üretmeye devam ediyordur.

Boşluklarımız arttıkça dertler, kederler bizi bulmaya başlar. Aslında biz daha da açık olmaya başlarız, çünkü uğraşlarımız azaldıkça, hedeflerimiz olmadıkça zihnimiz fitne, dedikodu, olumsuz inançlar üretmeye başlar. Artık zihnimiz geçmiş ve gelecekten veriler üretip, kafa karışıklığı yaratır. Getirdiği veriler ise bizleri uçuruma sürükleyecek kadar kötüleşebilir. Zihnin en tehlikede olduğu an, sahibinin boş kaldığı an'dır.

Eskiden Çin'de esirlere yapılan işkencelerde inanılmaz teknikler kullanılırdı. Bunlardan biri de daha önce bahsettiğim gibi boş su bidonu ile yapılırdı. Bu, insan zihnine dışarıdan yapılan bir işkence; peki, biz kendimize bu işkenceyi içeriden yapmıyor muyuz?

Yaşamsal amaçlarımızdan uzaklaşıp boşta kaldıkça her an zihnimizde zan damlaları üretmiyor muyuz?

Sürekli olarak, "olmayacakkkk", "kaybedeceğimmmm", "gelmeyecekkkk", "bu da işe yaramayacakkkk", "ödeyemeyeceğimmmm", "başaramayacağımmmm" vb. sözcükleri tekrarlamıyor muyuz?

Belki bu damlaları binlerce kez sık sık zihnimize depoluyoruz. İnsanın kendisine yaptığı işkence modelidir bu. Boşluk, profesyonel bir hırsızdır. Neyin varsa çalar. İşe yarayan yaramayan her şeyi senden götürür. Yeteneklerini köreltir, umutlarını bitirir, inancını zayıflatır, şükretmeni azaltır, güvenliğini tehlikeye sokar, heyecanını yok eder, bedenini yorgun hissettirir. İnsanları farklı gösterir, kıskançlığı arttırır ve düşmanlık getirir.

Geçmişini ve geleceğini karanlık perdeye çevirir ve oralarda kaybettirir seni. Şimdiki zamanda elinden fenerini alır, önünü göremez hale gelirsin. Artık yaşam karanlıktır. Bu dünya karanlık, toprak altı karanlık dedirtir. Şeytanla işbirliği kurar ve insanı ölüme götürür. İntiharların temelinde de bu yatar.

Böyle zamanlarda yüksek motivasyonla, hızlı bir şekilde ayağa kalkmak, yüksek sesle kendini harekete geçirecek cümleler kurmak gerekir. Derhal kalkıp bir şeylerle ilgilenmek gerek.

Kitap oku, dağınıksa etrafı topla, dua et, spor yap, dışarı çıkıp yürüyüş yap, sevdiklerini ara, duş al vs. Kesinlikle eyleme geç ve bir şeyler yap. O an boşluğa karşı savaş açtığını düşün. Seni diplere indiren boşluğu ve tembelliği def et. Bu ani hareketleri sık sık yaptıkça beyin öğrenmeye, alışkanlık haline getirmeye başlayacak. Büyük şeyler yapmana gerek yok, sen en basitinden başla. Muhakkak ısrarlı ol, çünkü başarı bir kere değil, defalarca yapıldığında gelir.

İz - İşaret - Olay

Hayat bazen sorunlar kadar güzellikleri de birden verir. Üst üste geldikçe yoğunlaşır ve kendini bir rüzgâra bırakmış halde savrulursun.

Yıllar önce, ailemden ayrı Bahçeşehir'de yaşıyordum. *Home office* kullandığım bir daire vardı. Hafta içleri psikoterapi yapıyor, hafta sonları ise eğitimler veriyordum. Herkesin kulağına fısıldanıp kalmış düşünceler bende de vardı. Aman işler çokken hiç durmadan çalış, ileride iş güç olmaz, önlem al şimdiden. Buna o kadar inanmıştım ki, işler yoğunlaştıkça sevdiklerimi ihmal etmeye başlamıştım. Ailem aradığında telefonu çabucak kapatıp işe yoğunlaşıyordum. Annemin her aradığında, "Oğlum geleyim yardım edilecek bir şeyler vardır," talebini, "gerek yok yardımcı geliyor," diyerek reddediyordum.

Çünkü çok çalışıyordum ve herkes saygı göstermeliydi gibi bir kodlamam vardı. Danışanlara o kadar fazla zaman ayırıyordum ki, özel telefonum bile onlarda vardı. Gece gündüz istedikleri saatte arıyorlardı. Ben o saatlerde ne ile meşgulsem önemli değildi, bir elimde telefon onları dinlerken diğer taraftan uğraştığım şeyleri yapmaya çalışıyordum. Gece yarıları DVD'de filmleri dondurup kulağımda telefon seans yapıp bittiğinde sabah geç kalmamak için filmi yarıda bırakıp uyuduğum geceler alışkanlığım olmuştu.

Yarım bırakılmış kitaplarla dolu raflar gibi, yarım kalmış filmlerim çoğalmaya başlamıştı.

Nerden geliyordu bu yerleşik korkular ki, hırsla sarılmıştım işime. Arada bir, *kendine ve sevdiklerine zaman ayır*, sesleri kulağıma geliyordu içimden. Ama o ses o kadar kısıktı ki, önemsemiyordum bile. Tuhaf bir şekilde verdiğim seans ve eğitimlerde yüksek sesle inanarak aynı cümleyi karşımdaki insanlara söylüyordum. "Kendinize ve sevdiklerinize zaman ayırın."

Artık yemek yemek bile zaman kaybı gibi geliyordu bana.

Hepimiz hızlı yaşamın koşuşturmacasına çoğu zaman kapılıp gideriz. Aslında bir hipnoz gibidir. Bağımlılığa dönüşmeye başlar. Yavaşladığında kendimizle baş başa kalmaktan korkarız. Belki kaçış belki de varıştır. Ama sadece tek bir yerde var olmaya çalıştıkça, başka yerlerde azalmaya başlarız. Bizi özleyen kolların üzüntüsü yayılır etrafa, yarım bıraktığımız konuşmaların sahiplerinde endişeler oluşur. İhmal ettiğimiz insanların kırılmaları derinde kızgınlıklar doğurur. Biz ise haklıymışız gibi devam ederiz, hızlanmaya tek bir yerde. Sanki bıraktıklarımız bıraktığımız gibi kalıyormuş gibi zannederiz. Bazen kendine zaman ayırma isteğim çoğalıyordu ama temeli samimi olmadığı için eylemlerim eksik kalıyordu. Sırf huzur ve mutluluk satın almak için spora yazıldım. Yazılırken bir huzur satın aldığımı biliyordum ama engel olamıyordum. 1 senelik üyeliği yaptırdım. Birçoğunuz gibi 1 sene boyunca artık kendimi mutlu etmeyi 12 taksitle satın aldım.

Spora başladığım ilk hafta yüksek motivasyonla yapıyordum. Ama birkaç eylemden sonra bedenimin spor yaptığını, zihnimin ise işte olduğunu fark edince spora da gitmemeye başladım.

Artık daha çok çalışmam gerekiyordu, çünkü 12 aylık bir borç sıkıntısı yaratmıştım kendime. Kendimi haklı çıkarırcasına, "Bak işte kendin için bir şey yaparsan, daha çok para kazanman gerekir," gibi yanlış bir inanç geliştirip, sporu bıraktım ve işleri yoğunlaştırdım.

Okuldaki öğretmen arkadaşlarım sürekli birlikte bir şeyler yapmak için davetlerde bulunuyorlardı. Onları da işlerim gibi planlayıp, akşam yemeğine bir arkadaşa, yemekten sonra çay içmeye başka bir arkadaşa gidiyordum. Bu sebeple gittiğim yerde o an'ın yarattığı enerjiye katılamıyor, sürekli bir sonraki gideceğim yere odaklanıyordum. Bu durum beni oturduğum yerde hareketli ve huzursuz yapıyordu. Yanımda olduklarım ise sürekli bu hallerime bakıp, " Canın mı sıkkın? Aklın başka yerlerde," diyorlardı. Aslında canımın genel bir sıkkınlığı yok, sadece o an'a odaklanamamamın verdiği rahatsızlığı yaşıyordum. Sanki çok çalıştıkça kaygılarım da artıyordu. Bu durum uzun bir süre devam etti ve telefonumun mesaj kutusunda "unuttun bizi" cümleleri dolmaya başladı. Bir gün Silivri'de iş yaptığım bir ailenin özel "yaza merhaba" partisine katılmak için günümü planladım. O gün için annem de görüşmek istemişti. Anneme bir sonraki gün için söz verdim. Akşam partiye katıldım.

Yazlık evlerinin bahçesinde insanlar toplanmışlardı. Denize sıfır olduğundan kumsalla dipdibeydik. Gece 00:00'dan sonra ayakkabılarımızı çıkarıp kumsalda yürümeye başladık. Yanımdakilerle sohbet ederken bir yandan da, "Oh be, arada bir böyle zamanlar yaratalım," diyerek hem yürüyor hem de konuşuyorduk. Ciddi ciddi konuşurken birden sağ ayağımın altından ince bir sızı ve "çat" diye bir ses geldi. Çok bir şey anlamadım, ama bir şeyler ters gidiyordu. Zihnim tamamen boşaldı, aklımda hiçbir şey kalmadı, sadece o an'a odaklanıp acıya yoğunlaştım. Hızlıca ayağımı kaldırdım ve gördüğüm manzara şok etkisi yarattı. Bir çay bardağına basmıştım, ayak parmaklarım sallanıyordu, kum kandan çamurlaştı ve arkadaşlar kucaklarına aldıkları gibi hastaneye götürdüler. 20'ye yakın dikiş atıldıktan sonra tek başıma yaşayamam düşüncesi ile doğru annemin evine götürdüler beni. Bir anda ne söylenirse her şeyi kabul etmeye ve evet demeye başladım.

"Aşkım bu halde tek kalamazsın."
"Evet."
"Aşkım bir süre işe gitmemelisin, gider misin?"
"Evet."
"Bir süre ailenle kalsan iyi olur."
"Evet."
"Rapor alırız."
"Evet."
"Sana en iyi annen bakar."
"Evet."

Sorgulamadan her şeye evet demeye başladım. Tüm planlar acımla iç içe geçti.

Verilen ilaçlardan hemen uyudum.

Öğlene doğru gözlerimi annemin evindeki odamda açtım.

Annem aylar önce sorduğu soruyu tekrarladı:

"Yapabileceğim bir şey var mı?"

"Sağ ol anneciğim."

"Kahvaltı hazırlamıştım, seni bekledim. Ben de yapmadım, hadi beraber yapalım."

"Babam nerede?"

"İşe gitti."

Bir an'da zihnim yıllar öncesine gitti. Sabahları ailemle yaptığım kahvaltıların keyfi içime tekrar hoş geldi.

Durumu kabullenip o an'ı yaşamaya başladım. Şunu fark ettim ki, içinde iyi niyetli olup, eylemde yanlışlar da yapsan, sevdiklerini ihmal etmene hayat çok izin vermiyor. Gözün tamamen kapalıysa da, başına bir olay getirip fark etmeni sağlıyor.

İki çıkarım yapacaktım: Birincisi, "Allah kahretsin, bu kadar işin gücün içinde nerden buldu bu beni?" İkincisi: "Evet acı çekiyorum ama aileme ve sevdiklerime zaman ayırabileceğim. İşlerim bekleyebilir. Rapor alıp uzaktan takip edebilirim. Bu arada aylardır ihmal ettiğim insanların yanında olabilirim. Bunun için yürümem gerekmiyor. Onlar hep yanımda zaten. Dilimi, mimiklerimi, ellerimi kullanarak da keyifli zaman geçirebilirim, çünkü sevgi her yerden yol bulur."

İki hafta ailemle hem de eve uğrayan arkadaşlarımla zaman geçirdim. Ayağımla birlikte zihnim de iyileşmeye başladı. Çok düşünme fırsatım oldu. Kazanın olduğu gece yanımda olan 3 arkadaşımı da hayatımdan çıkardım. Akan kanımla birlikte onlar da zamanla çıkmalıydı.

Size yanlış gelen ve yanlışta ısrarcı olan insanları yanınızda tuttuğunuzda, Allah onlarla olan ilişkinizi tekrar gözden geçirmeniz için size bazı işaretler yollar. Bu işaretleri görmezseniz, başınıza bir olay getirir ve sizin adınıza sizi onlardan uzaklaştırır. Onların yarattığı boşluğa üzülmeyi, doğruyu gördüğünüz zaman yanlışların boşluğu zamanla dolacaktır. O arkadaşların yanlışları bana kalsın. Ama eminim sizin de bir olayla hayatınızdan yanlış insanlar çıkmıştır, çıkıyordur, çıkacaktır. İşte her konuda önce irade bize verilir. Kararı biz veririz. Bazen de Allah veremediğimiz kararlar ve göremediğimiz gerçekler için de devreye girer. Canımızı almıyorsa, böyle büyük küçük olaylarla farkındalık sağlar. İnsanoğlu mutluyken dostlarını tanımaz. Çünkü pozitiflikten herkes size iyi görünür. İnsanoğlu acılar yaşadığında anlar gerçekleri, çünkü acı içinde kişinin kendi hatalarını ve çevresindekilerinin hatalarını barındırır.

İnsan en çok acı çekerken sorar kendine "neden?" sorusunu. Mutlu olduğu zaman, "Neden bu güzellik bana verildi?" diye pek sormaz. Çünkü hak ettiğini düşünür.

Başımıza gelen her olay grip olmak gibidir. Yani gelmeden önce iz ve işaret gösterir. Önce izler gelir. Bir halsizlik, boğaz kaşıntısı gibi. Hastalık der ki: "Önlem al, geliyorum." Kişi yoğun hayatın içinde önemsemez ya da tembellik eder. Sonra izler, işarete dönüşür. Yani izler büyür, öksürme, ses kısıklığı başlar. Yine der ki: "Dikkat et, artık önlem al." Yine ısrar edersin bir şey olmaz diye. Bu sefer, sabah bir uyanırsın, ateşin yükselmiş, vücudun ağrılar içinde, öksürüklerin diğer odalardan duyulur halde. İşte bu da bir olaydır. Artık önlem alırsın ama çok geçtir, çünkü izi görmeyene işaret, işareti görmeyene olay gelir.

Bu da Yaratıcı'nın bizimle haberleşme şeklidir.

Şu An'da Düşünelim

- Bir işin başında mı, yoksa sonunda mı kadere inanıyorsun?
- Pasif kader, kaderde ne varsa olur deyip beklemektir. Aktif kader ise, sonucundan korkmadan çalışmak ve kötü sonuç olsa bile sabırla kabullenmektir.
- Toplu halde aynı arayışta herkes, çünkü hepimiz illüzyon olduğunu biliyoruz en derinde. Hiçbirimiz an'da kalamıyoruz, hemen bitiyor şimdiler.
- Yeteneklerin doğuştan geliyor, ama değerler sonradan kazanılıyor. Değerleri gelişmemiş yetenekli insanları görüyoruz ortalarda. Kâbus.
- Yakında eşinize vereceğiniz en özel hediye, ona ayıracağınız özel ZAMAN olacak.
- Şimdi sevdiklerinizi düşünün ve hangilerinin yanında daha canlı ve heyecanlı, hatta hareketli olduğunuzu söyleyin.
- Yaşam ritminizi birazcık yavaşlatarak "an"dan keyif almaya bakın, çünkü hiçbir şeyin tekrarı yok.
- Herkese hak ettikleri sınırı çiz, yoksa onlar senin üstüne bir

çizik atarlar.
- İnsan kendisini acılardan sonra keşfeder, mutluluktan sonra yapılan, hayatı keşfetmektir.
- Hayatta her şeyi çabuk elde etmiş ve bedelini ödememiş insanlar, mutsuzluğa da çabuk alışırlar. Geçici olan bir konum için el ayak öpmemektir HAYAT.
- Aklımdan sürekli geçenlerin duaya dönüştüğünü fark ettiğimde, bazılarını affetmeyi öğrendim.
- Başındakileri değiştirmek isteyen kişi kendini eğitiyor ama başına gelecekleri değiştirmek isteyen ise falcıya gidiyor.
- Affetmek yaptıklarını kabullenmek değil, sadece onunla kurduğun olumsuz bağdan kurtulmak demektir. Sonrasında ister görüş ister görüşme.
- İstekle hedefi birbirine karıştırmayın. Her şeyi isteyebilirsiniz ama her şeyi hedefleyemezsiniz.
- Kimsenin ömrü boşa geçmez, bazıları değerlendirmediği için boşa harcarlar sadece.
- Başınıza gelebilecek en güzel şey belki de çoktan gelmiştir, iyi düşünün.
- Bu sabah içinizde hangi duyguyla uyandınız? Gün ne getirir bilinmez, ama gün nasıl karşılanır bilinir. Ben güne teşekkürle uyandım.
- Gençken yanlışlarımıza doğru diyeni, yetişkinlikte yanlışlarımıza yanlış diyeni, yaşlanınca da yanlışlarımızı görmeyeni ararız.
- Kötülüğün de, iyiliğin de ustaları vardır. İkisi de işini gizlice yapar.

Nasıl Yetiştirildik ve Bugün Nasılız?

Bu bağlamda insan, yetiştirilme şekli olarak iki farklı süreç yaşar.

Daha baskın, geleneksel ve tutucu toplumlarda daha mikro düşünürsek, bazı ailelerde yetişen insanlar, genelde başkalarının duygularını anlamaya fazlaca itilirler. Başkalarının yanında nasıl davranılması gerektiği o kadar sık işlenir ki, kişi bir süre sonra dışındakiler tarafından yönetilmeye başlar. Böyle ailelerde yetişen çocukları, gençleri gözlemlediğimde ne kadar dış referanslı olduklarını görüyorum. Diğerlerine saygı duymak adı altında kişiler benlik saygılarını ikinci, hatta üçüncü sıraya iterler. Kendi mutluluk ve huzurları ertelendiği için, kişiler yaşamın kalitesinden uzaklaşıp hayatta her şeyi yük edinmeye başlarlar. Sosyal yaşamda, ilişkilerimizde başkalarını anlamak önemlidir, fakat abartmaya başladığımızda kendimizi anlamaktan uzaklaşırız.

Kendimizi anlamayı bu kadar erteler ve yok sayarsak, türlü türlü bahaneler, yani savunma mekanizmaları geliştirmeye başlarız. Böyle yaşayan insanlar ileriki yaşlarında pişmanlıklar yaşayıp içsel hesaplaşmalara girebilir, sonrasında dışındakileri suçlamaya başlayabilirler. Bu şekilde bir yaşam, insanı şimdiki zamandan uzaklaştırır. Kişi sürekli o an içinde yanındakilerin ne hissettiğiyle ilgilendiğinden yorgun düşer.

Böyle yaşayanlar kendi aileleri içindeki bireyleri de ihmal eder ve savunma mekanizmaları yüzünden yaptıklarını görmezler.

Türk kültüründeki misafir algısı çok güzel ve iyi niyetlidir. Fakat misafiri baş tacı yaparken eşimizi, çocuklarımızı, kardeşlerimizi de ayaklar altına almamak gerekir. Böyle ailelerde ciddi iletişim problemleri vardır. Gücü elinde tutan kararları verir, yönetir.

Kısacası, böyle gelenekçi aileler evlatlarının bireyselleşmesine izin vermez. Bireyselleşmek tehdit olarak algılanır. Böyle gergin bir ortamda yetişirken, sevgiyi nasıl içselleştirir insan size sorarım? Sevgiyi içselleştirmemiş çocuklar, yani sevildiğini tam anlamıyla algılayamayan çocuklar, ileriki yaşlarda an'ın tadını çıkaramazlar. Genelde ömürleri gelecek zamanda, sevgiyi bulma ümidiyle şimdiki zamanda yaptıkları hatalarla geçer.

Sürekli aynı sonuçları yaşadıkları için, hep böyle olacağına inanırlar. Böyle bir ailede yetişmiş bir bireye an'da kalmayı öğrenmelisin dediğimizde kişi bu durumu tehdit olarak algılayıp reddeder, yabancılaşır, çünkü çocukluk hayatında hep başkalarının an'da kalması için uğraşmıştır. Bir an'da kendine dönmesi zorlaşır. <u>Bu durumda kişi ilk önce kendisiyle yüzleşmeye, benlik saygısını kazanmaya başlamalıdır.</u>

Hadi bir çalışma yapalım. Kendi iç dünyamızla bir keşfe çıkalım. Sizler için bir test hazırladım. Sorulara vereceğiniz cevapları iyi düşünün. Tüm soruları yanıtladıktan sonra tekrar gözden geçirin ve saklayın.

Çocukluğunuzla ilgili yapacağınız bu çalışma aslında, şimdiki zamanda da hazla aynı, benzer davranışlar sergilediğimizi fark ettirecek. Hayatımızı ne kadar başkalarına ve kendimize adadığımızı gösterecek.

Bilinçdışında İstenilen Beni Yaratma Çalışması

1. Aklınıza ilk gelen çocukluk anınızı yazın.
2. Bu anıyı hatırlamak size hangi duygu ya da duyguları hissettirdi?
3. Çocukken sizi en çok üzen şeyler nelerdi? Üzülünce ne yapardınız?
4. Çocukken sizi en çok mutlu eden şeyler nelerdi? Mutlu olunca ne yapardınız?
5. Evinize misafir gelince anne babanız sizden ne beklerdi?
6. Çocukken oynadığınız oyunları hatırlayın. Hangi oyunları, kimlerle oynardınız?
7. Çocukluk yıllarına dönme şansınız olsa hangi yaşa, hangi an'a dönmek isterdiniz? Neden?

Bu soruları yanıtlarken iyice odaklanın. Her bir soruya cevap verirken, gözlerinizi kapatıp o an'a gidin. Sanki bir sinema perdesi var ve film izliyormuş gibi. Her bir soru bir film tadında olsun. İzlerken kendinizi seyirci olarak düşünün ve şimdiki kimliğinizden çıkın. Her soruyu film olarak düşündükten sonra her filme bir isim bulun. Filmleri bir seyirci gibi izlemeye başlayınca, anılarınıza mantıksal beyninizle yaklaşıyorsunuz demektir. O filmin, yani anınızın sizde bıraktığı acı ya da haz duygusu nötrleşmeye başlayacak.

Daha sonra bu filmlerden hangisi mutlu hangisi mutsuz diye ayırın. Bir hafta boyunca mutsuz olanları tamamen seyirci koltuğunda izleyin. İyice uzaklaşarak, yarattığı acıya nötrleşerek izlemeye devam edin.

Her filmin adını, konusunu, türünü bir kâğıda yazın. Eğer filmler bilinçdışınızda ciddi problemler yaratmışsa, teker teker çalışın. En ağır, en acı olanından başlayın. Aynı film üzerinde birkaç kez çalışın. Tamamen seyirci olup uzaklaşana dek zihninizde izleyin. İmgeleme çalışması çok önemli. Gözlerinizi kapatıp kendinizi seyirci olarak bir koltukta canlandırın. Önünüze bir sinema perdesi koyup izlediğinizi imgeleyin.

Film bitince gözlerinizi açıp kritik edin. Başrol oyuncusunu analiz edin, bu analizi yaparken başrol oyuncusundan (kendinizden) 3. tekil şahıs gibi bahsedin.

Daha sonraki gün aynı filmi düşünüp, bu acı hikâyenin mutlu sonla bitmesi için başrol oyuncusunun neler yapması gerektiğini, nasıl bir insana dönüşmesi gerektiğini düşünün ve yeni bir canlandırma yapıp, filmi mutlu sonla bitirin. Yapacağınız filmin devamı için yeni bir isim ve hikâye bulun. Görsel, işitsel ve dokunsal anlamda canlandırmanızın güçlü ve etkili olmasına özen gösterin.

Birinci film şimdiki ben, ikinci yarattığınız film ise hedefteki ben olacaktır. Amacımız bilinçdışımızda daha sağlıklı, pozitif, kendiyle barışık ve benlik saygısı gelişmiş bir ben yaratmak. Bu dönüşüm olmadan istediğimiz geleceği inşa edemeyiz. İstediğimiz beni şimdiki zamanda tasarlamalıyız ki, ileriki zamanda bilinçdışımız hedefimize göre çalışsın. Bilinçdışını yeniden dizayn etmediğimiz sürece, seçici algısı hep eski hikâyemize odaklanacak ve bize benzer olaylar yaratacak. Aslında olaylar hep aynı, sadece bizim olaylara verdiğimiz reaksiyonlar değişecek.

Düşünce ve davranışlar değişirse, hayattaki etkilerimiz de değişir. Bu sebeple hayatın tepkisi de bize karşı değişmeye başlar.

Yeni bir hayat yaşamak istiyorsak, ilk önce yeni bir bilinçdışı dizayn etmeliyiz.

İkinci yetiştirilme tarzımız modern yetiştirilmedir. Bu tip ailelerin çoğu ise, çocuklarına kendi merkezli, yani önce sen sonra diğerleri önemli duygusunu aşılar. Böyle yetişen çocuklar kendilerini önemsedikleri, sevdikleri için kendi gelişimlerini önemserler.

An'da kalmak, zamanın tadına varmak ile ilgili çalışmalarda etkindirler.

Bugün Ne Yapacaksın?

Bu konunun başlığını boş bir kâğıda büyük harflerle yazın ve odanıza asın. Her sabah kalktığınızda karşınızda bu soru dursun. En az 21 gün odanızda asılı dursun. "Bugün ne yapacaksın?"

Hepimiz iyi insan olmak isteriz, başarılı ve mutlu olmak isteriz. Amaçlarla araçları karıştırdığımız için, günümüz karmaşık hale geliyor. Yaptıklarımızı, yapacaklarımızı unutup rahatlaşıyoruz. Okumamız, işe gitmemiz, yemek ve içmek, bir şeyleri satın almak bunların hepsi araç. Bu araçlar toplamında amacımıza ulaşıyoruz. Neyi amaçlıyoruz? İyi insan olmayı mı? O zaman her gün bir iyilik yapmaya gönüllü olacaksınız. Amerika'da küçük çocuklara iyilik kulüpleri kuruldu. Onlar da anladı mutluluğun, iç huzurun iyilik yapmaktan geçtiğini.

Huzur ve mutluluk mu istiyorsunuz? O çok sevdiğiniz ev ya da araba ya da elbise sizi mutlu etmez, sadece o an için haz verir. Ama hepsi sizi bir yere götürür. O elbiseyi giyince, o evde oturunca hayat sizi nereye götürecek?

Başkalarının gözünde değer kazanmaya mı? Başkalarından kıskandırmaya mı? Yakınlarınızdan uzaklaştırmaya mı? Akrabalarınıza daha çok yardım etmeye mi? Sevdiklerinize daha sık gidip gelmeye mi? Neye?

Şimdi düşünelim sahip olduğumuzu zannettiğimiz eşyalar, kariyer, lisan, yeteneklerimiz neye hizmet ediyor?

Kiminin ağzı laf yapıyor ve bunu insanları kandırmak için kullanıyor. Kimi zenginleşip başkalarına hava atıyor, kıskandırıyor. Kiminin zalimliğe, kiminin de paylaşma arzusuna gidiyor. Allah iyilere de kötülere de nasip ediyor ve izliyor. Bize verdikleriyle bizler neler yapıyoruz diye. Kötüler ne de olsa hep geliyor, demek ki kötü değilim. Öyle olsaydı Allah vermezdi diye düşünmesinler. İyiler de iyi olduğum halde olmuyor, demek ki iyi olmak gerekmiyor diye düşünmesinler. Eğer ki kendimizde olana ya da olmayana göre kurgularsak bu düzeni, karanlığa gömülürüz.

Danışmanlığını yaptığım üniversite öğrencisi genç bana sürekli: "Ailemle konuşun, bana o arabayı alsınlar," diyordu.

Ben de, "Neden istiyorsun o arabayı," diye sordum.

Genç, "Bütün arkadaşlarımda var, utanıyorum. Kız arkadaşımı gezdiremiyorum, benden ayrılmasından korkuyorum," diyordu.

Olmak istediği konumu bir düşünsün. Bu anlayış kişiyi özgüvensizliğe, hırsa ve tembelliğe götürür. İstediği şeyler üzerinden kabul görmek, değerli hissetmek istiyor. İnsan değerini fırsatı oldukça, çabaladıkça arttırır.

Bugün ne yapacaksın?

Mutlu olmak, başarılı olmak, iyi bir insan olmak için bugün ne yapacaksın?

Yapacağın şeyin küçük ya da büyük olması önemli değil. Önemli olan istekli olup, bir davranışta bulunmak.

Aslında her davranış bir duaya dönüşür. Samimiyet sınavını geçeriz. Belki bir çiçek sularsın bugün, belki bir kedi beslersin, belki uzaktaki aileni arar, hal hatır sorarsın, belki bir sadaka verirsin. Ama bugün bir şey yap, kır tembelliğin zincirini, samimiyet inşa et gönlünde.

Zihnindeki sabotajcıları yok et. İnadına her şeye rağmen iyi olmaya ada kendini. Sen adadıkça kendini, şimdiki zamanın gücü geçmiş ve gelecek esaretinden kurtaracak seni. Tüm acılarına, dertlerine batışlarına rağmen inadına dertlenmedin, isyana düşmedin ve iyilik yaptın, çalıştın, mücadele ettin. Hem de bir seferlik değil, fırsat buldukça, istikrarlı bir şekilde.

Duvarına asacağın o yazı senin her gün o günün an'ları içinde kalmanı sağlayacak. Ne zaman şartlar oluşursa zihnin şimdiye saplanıp sana bir eylem yaptıracak. Sonra büyük bir özgüvenle, huzurla güne devam edeceksin.

Samimiyetsizlerin, zamanım yok, param yok gibi gereksiz bahanelerine kulak asma.

Boş zaman yaratmaya verdikleri uğraşla iki ömürlük iyilik, mutluluk inşa ederlerdi. En azından TV seyretmeye ayırdıkları zamanın çeyreği bile yeterdi. Ama istemiyorlar. Sen iste, sen engel ol an'lardan içine akacak sabotajcılara. Öldür hem kendi içindeki hem de dışardan gelen sabotajcıları, öldür ki samimiyet, mücadele, sabır tohumları yeşersin. Yaşamın anlam bulsun. Yoksa başkalarının kurguladığı anlamları kendi yaşamın zannedersin.

Tekrar soruyorum, hatta sen de kendine her gün tekrar tekrar sor. Bugün ne yapacaksın yaşam idealin için güzel insan?

Evet, sensin güzel olan. Belki çok defa duydun, ben de söylüyorum güzel olduğunu. Seni görmeden nerden mi bileceğim? Yaratılmış her canlı güzeldir.
Senin gibi.

Dilin Zamanla İlişkisi

Görünüşte bir et parçasıdır, ama gerçek olan olmayan, içimiz ve dışımızdaki her şey dilimize bağlıdır. Geçmiş, şimdiki ve gelecekteki her şey dille önümüze gelir. Beyin düşünür dile iletir, dil söylemeye başladığında kalbe taşınır her şey. Çünkü dil, hem yokluktan hem de varlıktan konuşur.

Aklımıza ve hayalimize düşen her şeyi dil konuşur. Dil, kalbin karşısındadır. Kalpteki suretleri kalpten alıp söylediği gibi, kalbin dışındaki suretleri de kalbe ulaştırır. Söylediği her sözden kalpte bir sıfat meydana getirir. Geçmiş zamanın acılarını, geleceğin acabalarını dil konuşur ve kalbe iletip acıyla doldurur.

Mesela dil ile yalvarır, ağlar, sızlar ve böyle sözler söylerse, kalp bundan üzülme sıfatı edinir. Böylece kalbin ateşi beyne gider, gözlerden yaş akıtır. Kötü sözler söylerse kalp kararır, iyi şeyler söylerse kalp aydınlanır. Kötü sözlerde zamanı kaybeder, iyi sözlerde ise an'ı yaşarız. O halde çok konuşmaktan, istemekten ve dilin zararlarından sakınmak gerekir.

Allah (C.C.) ne güzel buyurmuş: "Doğru söylemek, hayırla buyurmak ve insanların arasını bulmak hariç, konuşmada hayır yoktur."

Hatalarımızın çoğu dilimizdendir. Bir şey bir kelime ile söylenebiliyorsa, uzatılırsa ve iki kelime daha ilave edilirse, o iki kelime fuzuli olur ve zararı söyleyene gelir. Fazladan konuştukça zamandan çalarız ve şimdiki zamandan uzaklaşıp geçmiş ve gelecekten olaylar yaratırız, çünkü şimdiki zaman sözü azdır, sadece yaşarsın, hissedersin. Ama geçmiş zaman ve gelecekle ilgili konuşacak çok şey vardır.

Bazı insanlarda âdet haline gelmiştir ki, kim ne söylerse söylesin kabul etmez, hayır der. Bu, sen bir ahmaksın, bir şey bilmezsin, yalan konuşursun, ben ise akıllıyım, zekiyim, bilgiliyim, doğru konuşurum demektir. Bu yaptığı ile kendi hayatını mahvedecek iki şeyi yapmış olur: Birincisi kendini büyük görmek, öbürü ise başkalarına saldırmaktır. Böyle biri kalbinde oluşturduğu karanlık nedeniyle hiçbir zaman huzurlu olamaz.

İnsanda huzur azaldıkça, geçmiş zaman devreye girer. Sürekli kötü anılar canlanır ve daha çok diline vurur. Kibiri artar ve kibir arttıkça şimdiki zamandaki güzel sözler, görüntüler ve fotoğrafları algılayamaz. Öyle ki, yanında çok kalırsanız, sizi de etkisi altına alıp an'daki mutluluğunuzu çalar.

Bu sebeplerden dolayı, susabilmenin önemini iyice kavrayabiliriz. Söz dört kısımdır: Birincisi tamamen zararlıdır. İkincisinde hem zarar hem de fayda vardır. Üçüncüsünde ne fayda ne zarar vardır. Bu ise fuzuli konuşmaktır. Zararı, zamanını boşa geçirmek bakımından yeter derecededir. Dördüncüsü yalnız faydalı sözdür. O halde sözlerin dörtte üçü söylenmemelidir. Dörtte biri söylenmelidir.

Gökyüzüne, çiçeğe, hayvanlara, sevdiklerinize bile bakarken, susarak bakın. Siz sessizce bakabilirseniz, o an baktığınız şeyi hissedersiniz. Ama onlara bakarken konuşmaya başlarsanız duyguları karıştırır, algınıza engel koyarsınız. En samimi söylenen seni seviyorum cümlesi, sessiz söylenendir, çünkü sevmek hissetmektir.

Onlar Başarabilmiş Mutlu Olmayı, Sıra Sende

Onları hikmet sahibi olarak biliriz. Yaradılışın ana kurallarına uymuş ve yaşamı emanet olarak görerek göçüp gitmişler. İçtikleri sudan yürüdükleri yola, günlük konuşma sürelerinden uyku saatlerine kadar her şey nesilden nesile aktarılmış. İnsanın en iyi öğrenme şekli ise, aktarılan bu öğretilerle olur.
Bizler içimizden geldiği gibi yaşamak isteyen, dürtülerimizi dizginleyemeyen varlıklarız. Birçok şeyi yaşadıktan sonra gerçek mutluluğu tadamadığımızı anladığımızda arayışa gireriz. Her yolu dener, o gerçek huzuru bulmak isteriz. Bazılarımız ise, o gelsin bizi bulsun ister. Psikolojiye birçok katkısı olan Freud, bazı yaklaşımları ile insanlığa ciddi zararlar da vermiştir. Freud'un dürtülerimizi kontrol etme, tüket ilkesi insanları tamamen karanlığa itmiştir. Asıl olan mutluluk, dürtülerle gelen enerjiyi kontrol altına alıp başka alanlarda kullanarak gelir.
Aklımıza her geldiğinde, her istediğimizle cinsellik yaşayamayız. Her istediğimizde kavga edemez, yalan söyleyemeyiz.

Her istediğimizde kendi çıkarlarımızı gözetemeyiz. Bunların sonu bencillik, yalnızlık ve mutsuzluktur.

Danışmanlığını yaptığım insanların bazılarında dürtü kontrolü üzerine çalışırız, çünkü çoğu, her istediğini yaparak mutlu olacağına inanmış. İmkânı ölçüsünde kendini arama yolculuğuna çıkmışlardır.

Kimi Hindistan'da, kimi her akşam başka bir yatakta, kimi gece kulüplerinde, kimi kitaplarda, kimi geçmişte, kimi astrolojide vs.

Her yolculuğun amacı kendini bulmaktır. Nerede, kiminle, ne yaparak tatmin olabileceğini arayanlar ordusuyuz. Bu yolculukta hassasiyetimizi gören çıkarcılar bizi kullanmaktadırlar. Bunların kim olduklarını hepimiz iyi biliyoruz. Bir zamanlar kuantumcular vardı, bir seansta sonsuz mutluluk vaat ettiler. Sonra falcılar, medyumlar ve daha birçoğu.

Şimdi göreceksiniz ki, beş kuruş para ödemeden nasıl kendimizi bulabileceğiz. Madde madde hikmet sahiplerinin öğretilerine bakalım:

1. Kendini kontrol edemeyene, dışarıdan müdahale fayda vermez. İstediğin kadar uğraş, karşındakinin mekanizması gelişmemişse, seni düşman gibi görür. Sıkıntınızı, isteklerinizi, mutluluklarınızı paylaşırken dikkat edin. Eğer hazır değilseniz, herkesin söylediği ve yaptığı size zarar verecektir.

2. Kendi kusurunu gören başkasını ayıplamaz, kendi kusuruna kör olan iletilmez. Allah aklı boşuna vermedi. Duygularınız yoğunlaştığında gerçeği göremezsiniz. İlk önce mantıkla

kendi hatanızı fark edeceksiniz. Başımıza gelen her kötü olayda bizim de payımız vardır. İşte o payı bulmak zorundayız. Kendimize, benim hatam nerde diye soralım. Sürekli başkasını ayıplayan, kendi kusurlarını örtmeye çalışandır.

3. İyilik işleyen kendine iyilik yapmıştır, kötülük işleyen kendine kötülük yapmıştır. Yaptığımız her şey karşılık bulur. Bazı yapılan iyilik ve kötülükler hemen, bazıları ise daha geç karşılık bulur. Eğer yapılan kötülük hemen karşılık bulmuyorsa, vazgeçmemiz için şans veriliyordur. Ama devam edersek, büyük bir belayla sonlanacaktır. Kimse bana bir şey olmaz diye düşünmesin. Sen onu düşünürken başına gelecekler hazırlanıyordur.

Ülkemizde yeni inanışlar türedi: İyi olma, güvenme, kimseye iyilik yapma kazık yersin gibi. Gerçekten samimiyetle, karşılıksız iyilik yapan kötülük bulmaz. Yaptığınız iyiliğin kıymeti o an bilinmiyor olabilir, zamana inanın. Ve iyilik yapabildiğiniz her an, bu gücünüz olduğu için şükredin. Bazılarına bu fırsatlar verilmiyor.

4. Sabreden beklediklerine kavuşur, şükreden mutluluğunu sağlamlaştırır. Sabrın iki yönü vardır: aktif ve pasif sabır. Aktif sabır elinden geleni yapıp, sonuçları beklemeye sabır göstermektir. Pasif sabır ise hiçbir şey yapmadan sonuçları beklemeye sabır göstermektir. Sen elinden geleni yap ve sonuçları düşünme, çünkü süreçler bizim elimizde, sonuçlar değil. Sabrınızı geliştirmek için çabalayın.

Mesela egzersizler yapın, her bir lokmayı maksimum yavaşlıkta yemeye çalışın. Her gün belli bir süre koyup, hiç konuşmamayı deneyin. Her gün TV ve sosyal medya yasakları koyun kendinize, zamanla yasak sürelerini uzatın. Evde küçük adımlarla, yavaş yavaş yürüyerek odaları gezin. Sıkıldıkça sabrınız artacak.

Her gün kimlere teşekkür ettiğimizi düşünelim. Marketteki kasiyere, kafedeki garsona, işimizi gören herkese. Devam edelim. Bir de teşekkür etmemizi sağlayan Yaratıcı'ya şükretmemiz gerekmez mi?

Aslında şükretmek, verdiklerine de teşekkür etmektir. Sen esnedikçe, yaşam da sana esnemeye başlar. Şükürsüz, teşekkürsüz hayat katılaşır. Katılaştıkça, kırılma ihtimalimiz artar.

O gülü topraktan çıkaran Yaradan'a şükür edip, onu büyütüp budayan bahçıvana, koruyup mağazasında satan çiçekçiye, kazandığı para ile bize olan sevgisini dile getiren sevenimize teşekkür etmeliyiz. Aslında sana sevdiğinden gelen bir çiçekte sadece verenin sevgisini değil, onu topraktan yaşama salan Yaratıcı'nın sevgisini de görebilmek gerekir. Sadece sevdiğinizin verdiği çiçeği görürseniz, bir kere mutlu olusunuz. Ama onu Yaratan'ı da görürsen bin kere mutlu olursun. Gerçek teşekkür, mutluluğu sağlamlaştırır.

5. Espride aşırıya kaçanın saygınlığı kalmaz, muhalefette aşırı gideni kimse istemez. Komik olmak ile itici olmak arasındaki sınırı iyi belirlemek lazım. Yaptığınız espri ve şakalarda aşırıya kaçtıkça, karşı taraf için itici olmaya başlarsınız. Bulunduğunuz ortamda aşırı kahkaha atıldığında ise, siz yaptığınızın çok komik olduğuna inanırsınız. Aslında kahkaha atan ağırlıklı olarak şaka yapılanın düştüğü küçük

durumdan keyif alıyordur. Devam ederseniz, zamanla düşman kazanırsınız.

Yıllarca belden aşağı dediğimiz tabirle espri yapan insanlara yalandan güldük. Ülke olarak zekâ ile yapılan esprilere ihtiyacımız var. Başkasına şaka ya da espri yaparken, onun bundan rahatsız olup olmayacağını düşünmemiz lazım. Herhangi bir konuda karşıt düşünceye sahipsek, bunu kişiselleştirmemiz gerekir. Düşünceler mi tartışacak, kişiler mi?

Kişiler belli düşünceleri taşıyan varlıklardır. Eğer ki gerçeklerimizi anlatamaz hale gelirsek, bedenimizi devreye sokar, fiziksel kavgalara zemin hazırlarız. Bazı insanlar gerçekten de doğru düşüncelere sahip olacakları halde, aşırı muhalefetten saygınlıklarını kaybederler. İlişkilerdeki gerçeklerimiz değil, onları sunuş tarzımız önemlidir. Tarzını beğenmediğimiz insanların düşüncelerine de yabancılaşırız.

Tam tersini düşünelim, yanlış veya kötü düşüncelere sahip insanlar ve toplumlar, etkili tarzları nedeni ile binlerce sempatizan kazanırlar. Doğruları söylediğim halde, yalnızım diyorsanız muhakkak ki tarzınız iticidir. Yapmamız gereken, sahip olduğumuz düşünce, inanç ve gerçekleri nasıl aktarmamız gerektiğini öğrenmektir.

Aynı ürünün, aynı şarkının, aynı ideolojinin onlarca kişi, yüzlerce firma tarafından farklı yorumlanması bu sebeptendir. Siyasetle uğraşanların özellikle öğrenmesi gerekense, tartışmayı öğrenmek, çözüm üretme becerisi kazanmak ve düşünce yönetimidir.

Danışmanlığını yaptığım birçok işadamı, işkadını, milletvekili ve belediye başkanlarında özellikle çalıştığımız alan, etkili iletişim becerisidir. Düşündüğü her şeyin %100 gerçek olduğuna inanan kişi ile iletişim kurulamaz. O sadece kendini dinler ve kendi söyler.

6. Malından cömertlik eden aziz, onurundan cömertlik eder. Zelil olur. Yaradılışımızdaki en büyük amacımız somut ve soyut her şeyi paylaşmaktır. Duygularımızı paylaştığımız kadar sahip olduğumuz maddesel şeyleri de paylaşınca, yaşam anlam kazanır. Kimse paylaşacak bir şeyim yok demesin. Çöpe attıklarımız bile doğada ihtiyaç karşılıyor. En azından binlerce böcek, hayvan çöplerimizden faydalanıyor.

Eğer hayatımızda boşluklar yaratmazsak, yenileri gelmez. 6 ayda bir evimizde uzun zamandır kullanmadığımız eşyaları ihtiyaç sahiplerine verebiliriz. Bizde azaldığını zannederiz ama evrende hiçbir şey boşa gitmez. Belli bir zaman sonra yerine yenileri dolacaktır. Ama bunu yaparken vereyim de yenisi gelsin düşüncesiyle değil. Paylaşınca mutlu oluyorum, çünkü hepsi emanet diyebilmeliyiz.

Eylemlerimizde çıkarcı değil, samimi olmalıyız.

Bir gün TV'de Acun Ilıcalı ile sohbet ediliyordu. Moderatör sordu: "Nasıl bu kadar büyüdün, başarılı oldun?" diye.

Acun Ilıcalı çok etkileyici bir yanıt verdi: "Yaptığım her projeden ihtiyaç sahipleri için bir gelir sağladım. Allah ömür, imkân verdikçe de devam edeceğim." Acun Ilıcalı'yı az çok tanırım. Samimiyetini de bilirim. Ortak tanıdıklarımızdan onun ne kadar cömert olduğunu sık sık duyarım. İnsan verdikçe büyür.

Evinde, işinde, arabasında, eşya ve para biriktirip paylaşmayan insanın duyguları yer bulamaz. Somutun arttığı, paylaşılmadığı yerde soyut olan her şey azalır. Paylaşmadığı mallara anlam yükleyen insan, sevgi, aşk, hoşnutluk, mutluluk, huzur gibi duygularını eşya ve para ile ilişkilendirir. Azalırsa mutsuz olacağına inanır ve paylaşmaz.

Her gün evinizde bir şey seçin (ekmek, süs eşyası, elbise vb.). Sabah çıkmadan şöyle söyleyin: "Buna ihtiyacı olan birini bulacağım ve paylaşacağım."

Siz niyetlendiğinizde evrende her şey konumlanmaya başlıyor. Aynı anda bir ihtiyaç sahibi de dua ediyor: "Allahım şuna ihtiyacım var, yardım et," diye. İki niyet de samimi olduğunda geriye tek şey kalıyor, karşılaşmak.

Siz elinizdekini çantaya koyup yola çıkıyorsunuz. İşe gitmek için metroya, otobüse giderken, gecikip otobüsü kaçırıyorsunuz. Aynı anda ihtiyaç sahibi iş aramak için yola çıkıyor. Saatlerdir yürüdükten sonra dinlenmek için duraktaki banka oturmak için geliyor. Sizin gecikmeniz onunsa yorulması nedeni ile aynı yerde buluşuyorsunuz. Üşüdüğünü gördüğünüz an, içinizde bir şeyler oluyor ve çıkarıp çantadan montu ona uzatıyorsunuz. Sonra diyorsunuz ki: "Her şeyde bir hayır var. Otobüsü kaçırmasam o adamı göremeyecektim." Sonra o da diyor ki: "Şükürler olsun Allahım, duamı kabul ettiğin için."

İşte bunlar tesadüf değil, bunlar samimiyetle istenildiğinde evrenin bizim adımıza konumlanması. Şartlar sağlanıyor ve geriye bize eylemde bulunmak düşüyor. Sahip olduğumuz her şeyde birilerinin payı var. Bunu unuttuğumuz için Allah bize sadaka, zekât ver diyor. Bunu bile bizim için istiyor, çünkü yaratıcı bize daha çok imkân vermek istiyor.

Onurumuz, gururumuz doğuştan gelir, aile ile sağlamlaşır ve büyüdükçe yaşamda yer edinir. İnsanın onuru, zamana, mekâna ve şartlara göre değişmez. Her yerde, her şekilde aynı kalmalıdır. Eğer çıkarlarımız için onurumuzu da veriyorsak, benlik saygımızı yitirmeye başlarız.

Örneğin, hayatta rüşvet almam diyen bir memurun önüne yıllarca 3-5 kuruş rüşvet atmışlar, ama devamlı elinin tersiyle itmiş. İleriki yıllarda konumu gereği yükselen memur, idari işlerde müdür olur ve daha farklı bir kitleyle çalışmaya başlar. Gün olur önüne 100.000 TL rüşvet gelir. İşte en büyük sınav buradadır. Şartlar değişmiş, konumlar değişmiş ve rüşvet miktarı da artmıştır. 1 TL rüşvete de 100.000 TL rüşvete de aynı tepkiyi vermeli insan. Onurundan cömertlik yapan zelil olur.

7. Tembellik edip oturanı belalar ayağa kaldırır. Sıkıntılar ve belalar fırsat kollar. Beynimiz bile tembellik anımızda binlerce olumsuz düşünce ve fitne üretir. Boşuna dememişler insan tek ve tembelken ikinci arkadaşı şeytan olur diye. Kimseyi ve kendinizi boş bırakmayın. Bakın dinlenmek ayrı bir şey, ama süre uzadığında tembellik gelir. İnsan en kolay rahatlığa, en zorsa çabalamaya alışır.

Ruhumuz, bedenimiz tembelleştiğinde, yani mücadeleyi bıraktığında beyin muhakeme etmeyi, akıl yürütmeyi bırakır. Kendi ile ilgilenmeyi bıraktığı için başkalarına odaklanmaya başlar. Sürekli konuşur ve memnuniyetsizlik salgılar. Bir taraftan da egosu düşmesin diye kendini haklı bulma eğilimine girer. Zamanla doğrulardan uzaklaşır ama farkında olmaz. Doğrulardan uzaklaştıkça yanlışlara yaklaşır. Fırsat kollayan belaların ortasına düşer.

Çevresini değiştirir, yanlış ilişkiler kurar. Hayatta mücadele eden insanlar ona düşman gibi gözükür, bunlar ailesi de olsa. Gerçekleri basitleştirir, yanlışları büyütür. Hepimizin etrafında çokturlar. Hem asabi hem de kendini beğenmiş olurlar.

Mesela uğraşı, hedefi olmayan ya da sorunlarını hep ailesi çözmüş çocuklar, aşırı agresif olurlar. Bir işletme en büyük zararını çalışmayan departmandan görür. Kim çalışmıyorsa, fitne çıkarır. Sürekli dedikodu yapanlar, hayatla mücadelesi olmayan tembel insanlardır. Bir insanı hayatınıza alacaksanız, yaşamla mücadelesine bakın. Şans oyunları, kumar, uyuşturucu, alkol, yanlış arkadaşlık, yalan gibi belalar tembellere cazip gelir. Az bedelle çok şey kazanma derdine düşerler. Kimseyi boş bırakmayın, orada kazık yersiniz.

Bazı kardeş düşmanlıkları bu nedenle meydana gelir.

İki genç evladı olan anne, çocukları büyümesine rağmen onlara aynı ilgi ve sevgiyi göstermeye devam ediyor. Çocuklardan biri çalışıp eve destek olurken, diğeri iş beğenmediği için sürekli işten çıkıp evde oturuyor. Çalışan çocuk, her gün erken kalkıp sorumluluklarını yerine getiriyor ve evin ihtiyaçlarına destek oluyor. Hafta sonları ise kendine özel zamanlar yaratıp hakkı olarak arkadaşları ile gezip programlar yapıyor.

Tembel olan ise akşama kadar uyuyup sabaha kadar oturuyor. Sorumluluk almıyor, odası, hayatı darmadağınık. Sürekli kardeşini eleştirip, çok gezdiğinden şikâyet ediyor. Çıkarı olduğu zaman annesine yalakalık yapıp onu kandırıyor.

Anne ise gizliden gizliye tembel gencin cebine harçlık koyup onun sorumluluk almasına izin vermiyor. Anne sürekli çalışan çocuğuna: "Kardeşine yardım et, ona iş bul," diyor.

Bu baskıdan bunalan genç ile annesinin arası açılıyor. Tembel olan çocuğuna çok üzülen anne, sürekli şansının olmadığını, aslında çok zeki olduğunu söylüyor. Bu boşlukta ve tembellikte yanlış kararlar veren gence belalar yaklaşıyor ve olmaması gereken birine âşık oluyor (tembel insanların ilişkide aldıkları kararlara onay vermeyin, hepsi yanlış olacaktır).

Anne borçla harçla bu çocuğunu evlendiriyor. Evlenince düzelir zannediyor. Diğer genç annesine: "Yapma, evlendirme, bak beş kuruş para yardım etmem diyor. Bu sebepten iki kardeşin arası açılıyor, küsüyorlar."

Düğünde bile bir araya gelmiyorlar. Sonunda ne mi oluyor?

Evlenen gencin çocuğu oluyor ve birkaç ay sonra boşanıyor. Annesi şu an torununa bakıyor. Çalışan genç ayrı bir evden annesine gereken şekilde destek oluyor. Tembel olan genç hâlâ çalışmıyor ama annesinin vicdanını kazanacak bebeği ile kazanç sağlıyor. Her iki kardeş de yaşadıklarına kader diyor. Biri şansa bırakmış hayatını, diğeri ise şansını yaratmaya çalışıyor.

8. Tecrübesi az olan aldanır, kaygısı olan az yenilir.

Hayatta her konuda başarılı olabilmek için 3 şey bir araya gelmelidir. Motivasyon, yetenek ve tecrübe. Üçü olmadan olmaz. Bir konuda yetenekli olmanız, o konuyu başaracağınızı göstermez. Çoğu insan ben yetenekliyim diyerek mücadeleyi bırakır.

Dünyada birçok yetenek sahibi, tecrübe kazanamadığı için yok olmuştur. Şirketlere danışmanlık yaparken en çok üstünde durduğum konulardan biridir. İşe alımlarda yetenek yeterli değildir, yetenekli kişiye sabırla tecrübe kazandırılması gerekir. Çoğu yetenekli egosuna yenilip kaybeder. En büyük düşmanları ise yanındakilerdir, çünkü sürekli: "Sen yeteneklisin, her yerde iş bulursun," derler.

Yaratılan her insanın bir ya da birkaç konuda yeteneği vardır. Yetenek gelişimi için sık tekrarlanıp tecrübe edilmesi şarttır. Başarılı insanların hikâyelerine baktığınızda, tekrar tekrar eylemlerinin sonuçları olduğunu görürsünüz. Psikolojide durağanlık yoktur. Ya eylemde olur ileri gidersin ya da hiçbir şey yapmadan körelirsin.

Fırsatlar yetenekli olduğunuz için değil, mücadele ettiğiniz için ayağınıza gelir.

Şunu da unutmamak gerekir ki, yetenekli olduğunuz konuda binlerce insan var ve siz vazgeçilmez değilsiniz. Hayatta her insanın yeri dolar.

Gelelim kaygıya. Yemek yapmaktan ülke yönetmeye kadar büyük küçük her işin başında kaygı olmalı. Hiçbir şey yüzde yüz emin olarak yapılmaz. Mahreminiz, zamanınız, imkânlarınız dört dörtlük olsa da, ilerleyen süreçte başınıza neler geleceğini bilemezsiniz. Yaparım, hiçbir şey olmaz, bana kim ne yapabilir ki diyenlerin sonlarını görüyoruz. Kaygınız kontrol edilebilecek düzeyde olmalı. İşi yapmaya koyulduğunuzda elinizden geleni yapıp, sonuçları ilahi güç olan Allah'a bırakın. Ben elimden geleni yaptım, sonuçları sen bilirsin diyebilmeliyiz. Eğer ki yolculukta sıkıntı ve engeller çıkarsa, şunu hatırlayalım: Başımıza gelen her sıkıntının bize öğretmek istediği bir şeyler vardır. Muhakkak bu engellerin bizde eksik olan tarafımıza hizmet ettiğini unutmayalım. Yani sıkıntı geldiğinde geliştirmemiz gereken zayıf yanlarımız uyarılır. İşte o yanımızı bulmalıyız.

Belki sabırsız, belki memnuniyetsiz, belki öfkeli, belki bencil, belki korkak, belki de samimiyetsiziz. Hangi yanımız zayıf ise, o yanımız için engellerin, sıkıntıların geldiğini hatırlayalım. Allah, yolda olup çalışanı sever, sıkıntı göndermesi bizi sevmediği anlamına gelmez. Daha çok güçlenip, daha büyük başarılar ister. İnsanı güçlendiren sıkıntıları çözme becerisidir. Başımıza gelene değil, gelene karşı geliştireceğimiz yöntemlere odaklanalım.

Çünkü olaylar nötrdür. Onları pozitif ya da negatif yapan bizim onlara verdiğimiz reaksiyonlardır.

Şu An'da Düşünelim

- Karşılık beklemeden verirsen, verdiğinden fazlasını, karşılık bekleyerek verirsen, verdiğin kadarını alırsın HAYATTAN.
- Ağzından çıkanı ciddiye almayan, zamanla başkalarındaki ciddiyetini de kaybeder.
- O'na sığınınca kalmıyor, ne dert ne keder. Öyle bir güven ki korkmuyorsun kimseden. Yolu da her şeyin en kolayı: Kalbinin ellerini aç duaya.
- En korktuğun şey başına gelse de, yapacak bir şeylerin vardır. Daha gelmeden başına, yaşama küsmek niye?
- Hak ettiğin kötülükten ZARAR, hak etmediğin kötülükten FAYDA görürsün.
- Tohumu şimdi dikip, meyvesini yarın isteyenle yola çıkılmaz (zamana karşı sabır).
- Kötülerin uyumadan gezdiği bu dünyada, iyilerin erkenden kalkması şart.
- Şimdinin iki hırsızı dolanır etrafımızda. Biri geçmiş biri gelecek zaman. Çaldıkları tek şey, AN'dır.

- Sizi geçmişten tanıyan dostlarınızla olun arada sırada. Bazen nerden geldiğimizi hatırlamamız gerekir.
- Bardak kırıldı, otobüs kaçtı, elbise yırtıldı diye günlerini kedere boğan insanlar tanıyorum, aç, susuz, elbisesiz insanlar varken.
- Bazı sıkıntılar, insanda kibir, kendini beğenme, zorbalık ve kalp katılığı gibi şeyleri giderdiği için verilir.
- Sevmeden kolaylaşmıyor.
- İstediğimiz şeyin hayaline dalmaktan, onun için verilecek mücadeleden kaçar olduk.
- Bazı şeylerin adını zaman koyar, acele etme.
- Dualarınız kabul olsun bu müthiş saatlerde. Dua etmek iyileştirir, egoyu dizginler, güven duygusu sağlar. İyi sabahlar...
- Çok konuşmak akıl ve ruh dengesizliğine neden olur. Makbul söz, karşımızdakinin kafasını karıştırmadan tatmin eden kısa cümlelerdir.
- Akıllı insan çok konuşmak yerine, hem kendisi hem de başkaları için fayda sağlayacak insanları konuşturandır.
- Her şey çok iyi giderse, kork. En iyi şeylerde bile, küçük tehlikeler olacak ki, yüzde yüz emin olma. Yoksa başın döner, kaybolursun.

Sabreden Dervişe Ne Olur?

Hemen ister insan, şimdi olsun der. En kolay şeydir istemek, hayal etmek. Zihninde kendi zannıyla yaşadığı hazza elleriyle dokunabilmek için hemen ister. Sanki hemen olursa mutlu olacak gibi. Siz başkalarının taleplerine hemen cevap verebildiniz mi?
Aldığınız borçları hemen ödeyebildiniz mi?
Sevginizi, o her istediğinde gösterebildiniz mi?
Her arayana dert ortağı hemen olabildiniz mi?
Daha binlercesini sayabiliriz, kısacası bunları hemen yapabildiniz mi?
Hayatın bir bekleme yasası var. Bu yasayı uygularken sizden zaman ister. Zamana bağlı da sabır ister. Ama insana sabır denince öylece beklemek zannı düşer. Kim demişse yalan demiş. Sabır süreci beklemekle geçirmek değildir. O, tembellerin, hayalperestlerin işidir. Sabır öyle bir ilaçtır ki, bedeninizin ve zihninizin tedavisinde bile etkilidir.
Şimdiki zamanda sabretmeyi, enayilik, aptallık ve güçsüzlük olarak anlatan kimseler kısa zamanda insanı dolandırmaktan öteye gidemediler, çünkü bir insana istediğinizi yaptırabilmek

için onu telaşa sokup acele ettirmeniz yeterlidir. İnsan zihni ve bedeni hızlandığında, düşünce yetisini kaybeder ve ilk söyleneni yapar. O da yanlış olandır. Kısa vadede kazanır gibi gösterip, uzun vadede kaybettirir.

Kaybetmekle acı gelir ve tekrar hata yaptırır. Bu böyle sürer gider. Zaman ilerledikçe yorulur insan, eylem azalır, kararlar azalır ve gelen sakinliğe de olgunlaşma derler.

Ne büyük yalandır. Bu büyük yalanlara aldanan ne de çok insan vardır.

İki türlüdür SABIR. Biri aktif diğeri pasif.

Aktif Sabır: Karar vermiş, hedef belirlemiş, ne yapacağını bilen insanın elinden geleni yapıp sonuçları beklemesidir. Buradaki insan sadece sürecin, yani yolculuğun kendi elinde olduğunu bilir. Ama sonuçları yaratanın kendisi olmadığını bilir. Sonuçlar Yaratıcı'ya aittir. Olması için elinden geleni yapıp, olursa teşekkür etmek. Olmazsa, nedenlerini sorgulamak gerekir. Güneşlenmek için bir soğuk kış atlattığın gibi, bir şeftaliyi yemek için iki mevsim beklediğin gibi, kartopu oynamak için kışın gelmesini beklediğin gibi bekleyeceksin sonuçları.

Hani şimdilerde kışın güneşi, yazın karı görünce şok olduğun gibi, belki de şok olacaksın sonuçlardan. Ama bileceksin elinde olmadığını.

İnsanı tüketime, düşünmemeye, üretmemeye iten politik öğretiler yayıldı her yanınıza. Ortalık meleklerden koca bekleyen, secret yapıp zengin olacağını zanneden, gezegenlerden yaşam bekleyen tembel insanlarla doldu.

Size mutluluk vadeden bu kimseler, sadece sizden aldıkları maddelerle kendilerini mutlu ettiler. Siz onlara bedel ödedikçe, onlara daha da bağımlı oldunuz. Kurtulun özgürlüğünüzü kısıtlayanlardan. Kendinizin ve hayatın anlamını çözün. Çözün ki, anlayın gerçekleri. Sabredin. Dünyanın dönmesi ya da dönmemesi bizim isteğimize bağlı değil. Her şey, herkes uyanmaya ve uyumaya devam ederken, bizim yaşamı durdurmaya hakkımız yok. Zaten yapamayacağımız bir şeyi istemeye de hakkımız yok. Sabredin.

En etkili çareler, en büyük şifalar, en güzel yaşamlar, en lezzetli sofralar sabrın ortasında gizliyken, acele edip sonlandırmayın her şeyi.

İnsanlardan alkış, teşekkür ve karşılık beklemeyin. Bu sadece egonuzu yükseltir ve bu yükselme ile daha da yalnızlaşırsınız. Yalnız kaldıkça kendinizi hep haklı, başkalarını hep suçlu sanırsınız. Ve size dış dünyanın hep tehlikeli olduğuna, sadece sen varsın diyen öğretilere inanmaya başlarsınız.

Siz sadece elinizden geleni yapın, bırakın onlar isterse, istedikleri zaman teşekkür etsinler, alkışlasınlar. Eğer yaparlarsa, siz de onlara teşekkür edin. Ama yapmaları için beklentiye girmeyin, çünkü üzülürsünüz.

Sizi doğru yaptıklarınız için gönüller alkışlasın, eller değil. Her alkış tutan ele de inanmayın, çünkü çoğunda gizli çıkar vardır.

Sizi sürekli alkışlayan, size sürekli teşekkür edenlerden uzaklaşın, çünkü ileride sizden koparacaklarını düşündüğünden alkışlarlar. Gönülleri kazanın, bedenleri değil. Gönüller yaşlanmaz ama bedenler yaşlanır. Duygular yorulmaz ama eller yorulur. Herkes kendi çapında, gücünde gönül kazanabilir. Kimi bir tebessümle, kimi bir ekmekle, kimi bir çekle kimi de bir duayla gönül kazanabilir. En basiti, eskilerini verdiğin eşyaların bile sabırla beklenirse, yenilerine yol açar. Çünkü samimiyetle verdiklerin, en samimi hali ile yenilenip gelir. Sen yine de beklentiye girme gelecek diye, ama bil. Sabredin.

Ne konuşmada acele et
Ne de yemede içmede,
Ne olmakta acele et
Ne de sevilmede, sayılmada.
Sen güzelsin, sen en muhteşem varlıksın.
Sen dinledikçe güzel konuşan.
Sen az yedikçe güzel görünen.
Sen sevdikçe sevilensin.
Sen insansın. Sabredin.
Belki de binlerce yıl bekletildin doğmak için.
Aylarca bekledin konuşabilmek için.
Günler aldı dişlerinin çıkması yemek için.
Uzun çabalar sarf ettin yürümek için, sonra koşabildin.
Doymak için ağladın.
Görmek için baktın.
Mutlu olmak için yaşadın, yaşıyorsun.
Sabret hak ettiklerine,
Eninde sonunda avuçlarına konacak
En güzelinden bir parça.
Seviliyorsun Yaradan'ın gönlünde.
Sen de sev insanları kendi bahçende.
Tohum da sende, su da, güneş de.
Açacak güzellikleri
Sabırla bekle...

Sadece Bugün

Sadece bugün, sadece bu sabah diye başlayabilmeliyiz her güne. Bu güneş sadece bugüne özel doğdu diyerek dün gece batan güneşle yarın doğacak güneşi düşünmekten kurtulmalıyız artık.

Gözünü açtığın an ilk söyleyeceğin şey, ömrüm sadece bugün demek olmalıdır. Aklına şu an doğduğunu, belki bir gün bitmeden ölebileceğini getirebilmeli insan.

Dünün yorgunluğu ve acıları yüzünden bugünün yaşama sevincini, aşkını yok etmeye hakkımız yok.

İlk defa yatağını topluyor gibi,

İlk defa yüzünü yıkıyor gibi,

İlk defa kahvaltı yapıp giyiniyor gibi davranmaya çalışmalıyız.

Beynimiz bu motivasyonla daha çok şimdide kalmaya başlayacak.

Bu konuda çocuklar çok yetenekli. Her sabah ilk defa uyanıyormuş gibi yaşarlar. Aynı oyuncakla her sabah ilk defa tanışıyormuş gibi davranırlar. O nedenle etraflarındaki her şey eskise de, onlar hep diri ve heyecanlı kalırlar.

Deprem çocuklarını hatırlayın. Evleri yıkıldıktan birkaç gün sonra enkazların kenarlarında oyun oynamaya, acıktım diye bağırmaya, uykuları gelince uyumaya devam ettiler, ediyorlar. Çocuklar boşuna yaramazlık yapıp sorun çıkarmazlar.

Geçmişle gelecek arasına sıkışmış, borç alacak telaşına düşmüş, kin, acı ve nefretle dolmuş ebeveynlerinin yanında sorun çıkarıp, onları şimdiki zamanda tutarlar. Aslında verdikleri mesaj ise, "hadi anne, baba, bırakın her şeyi şu an bana ve yaptıklarıma odaklanın"dır.

Böylece geçmiş ve gelecekten uzaklaşan ebeveyn, şimdiki zamanda çocukla ilgilenmeye başlar. Daha bebekken başlarlar bunları yapmaya. Gecenin bir vakti ağlayıp uykudan uyandırırlar ebeveyni. Aslında az uykuyla bile yaşanabileceğini hatırlatırlar. Zamansız ve sebepsiz gülerek tebessüm etmenin kolay bir şey olduğunu ve mutluluk getirdiğini öğretirler.

Yoğun şehir yaşamında koştururken, dalgın dalgın parmaklarıyla parkı gösterip salıncağa binmek isterler. Aslında derler ki: "Her an, her şartta kendine eğlenmek için zaman ayırabilirsin."

Hayvanlar da öyle değil mi? Hangi aslan, kedi, köpek dün yiyemediği yemeğin acısını çeker ya da hangisi yarın nerde uyuyacağım diye düşünüp kaygılanır. Hepsi şimdiki zamandadır. Hepsi için sadece bugün vardır. Tüm hayvanlar her sabah uyanırlar. O gün karınlarının nerede doyacağını bilmeden hayata katılırlar. Depresyona girmeden günü yaşayıp uykuya dalarlar.

Biz insanlar ise, her sabah uyanıp, ne yiyip, nereye gideceğimizi, ne yapacağımızı bildiğimiz halde umutsuzuz. Galiba çok şey biliyoruz ama çok azını anlamlandırıyoruz.

Geçmişi kahve fallarına, arabesk şarkılara, masa başı sohbetlerine malzeme yapıp, geleceği fala, tarota, kaygılara, boş konuşmalara, yeminlere bağlayıp ömrümüzü tüketmemeliyiz.

Geçmişimizi biz biliriz, şimdiki zamanı biz biliriz ama geleceği bilemeyiz. Hepsini tek bilen Allah'tır. İnsana düşen şimdiye odaklanmaktır. Tabii ki %100 şimdiki zamanda olamayız ama ruh sağlığını bozacak kadar da uzaklaşmamalıyız. Sabaha zihin egzersizleriyle başlayabiliriz.

Her sabah uyanıp etrafına bak. Dolaba, yastığa, halıya, pencereye ne var ne yok gör. Sadece onlara odaklan. Sayabildiğin kadar sayıp Allah'a her biri için şükret. İlk başta abartı gelebilir ama zamanla ruhun iyileşmeye başlar. Ne kadar çok sayarsan, o kadar pozitif olmaya başlarsın. Ayrıca her gün iraden çelikten olur ve kimse seni yıkamaz hale gelir, çünkü en büyük güveni ve gücü yanına almış olursun: İlahi gücü.

Örneğin odam, çocuğum, okulum, kıyafetim, eşim, annem, masam, param, güneşim, pencerem vb. için sana şükürler olsun Allahım. Sonra aklına gelen sevdiklerini isimleriyle tek tek sayıp şükret. Hepsini hatırlamaya çalışma. Gün geçtikçe, hak eden herkes için teşekkür edeceksin.

Çok sevdiğim bir büyüğüm, anılarını anlatıp şöyle derdi: "Oğlumla kızım ergenliğe girdiğinde her sabah evde bir telaş, bir patırtı gürültü olurdu. Eşim sürekli onlarla sabahları tartışır, kahvaltınızı yapın, okula gecikmeyin diye söylenirdi. Çocuklar da gençliğin verdiği ruh haliyle kalkamazlar, kahvaltı da yapmak istemezlerdi. Daha sonra hanım söylenir söylenir, baktı ki olmuyor bana bağırırdı: 'Kalk Mahmut Bey. Şu çocukların haline bak,' diye.

Yataktan kalkar kalkmaz ilk şunu söylerdim: 'Allahım sana şükürler olsun. Tartışacak, sorun yaşayıp çözüm arayacak bir ailem var.'

Sonra yanlarına gidip ben de girerdim tartışmanın arasına. Öyle böyle bir yol bulurduk. Şükürler olsun."

Aklımdan hiç çıkmaz. Hepimizin ailesi ile sorunları olur. Çoğu zaman sorun yaşayacak bir ailemiz olduğu için de sevinmek gerekir. Bu demek değil ki, şükredip bırakalım. Şükredip çözüm arayalım. Eninde sonunda çözüldüğü için de şükredeceğiz.

Unutmayalım, başımıza gelen sorunları şükredip kabullenirsek beynimiz onu kendi içinde daha da basitleştirir, çünkü sorunlara öfkelenmek, karşı çıkmak, onları kabullenmemek demektir. Biz kabullenmeyip, ittiğimiz zaman beynimiz onları büyük ve çözülmeyecek gibi algılıyor. Bu büyük sorunlar karşısında biz kendimizi küçültüyoruz. Sonunda isyan başlıyor. Artık şimdiki zamana odaklanamadığımız için beyin ya geçmişteki acılara gidip dertleniyor ya da gelecekte sanal mutluluk yaratıp onunla avunuyor. Kabullenmediğin hiçbir şey için çözüm üretemezsin.

Sorunlara şükretmek demek, onların bizi seven ilahi güçten geldiğine ve onun bizi koruyacağına inanmak demektir. Var mı daha ötesi. Eğer ki bunu başaramazsak, çözümü başka insanlarda aramaya başlarız. Başkalarına bıraktıkça da onlara bağımlı hale geliriz. Herkes kendi sorununu bilecek ve herkes kendi sorunu için ilk önce şükredecek. Güvenle karşıladıktan sonra, "Peki, şimdi ne yapmam gerek?" diye sormalıyız. Beyin, soru cevapla çalışır.

Bana ne geldiğinin önemi yok, önemli olan başına geleni nasıl karşıladığındır.

Her sabah fark ettiğin her şey için şükrettikten sonra, sadece bugün yapacaklarını düşün.

Sadece bugün giyineceğim.

Sadece bugün kahvaltı yapacağım.

Sadece bugün işe, okula gideceğim.

Sadece bugün evimi, odamı toplayacağım.

Sadece bugün birilerine yardım edeceğim.

Sadece bugün hayvanları besleyeceğim.

Sadece bugün ibadet edeceğim.

Sadece bugün bulmaca çözeceğim.

Bu liste uzar gider.

Ey geçmiş, bugün seni terk ediyorum.

Ey geçmiş, seni Allah'a havale ediyorum.

Ey şimdiki zaman, sen benimsin.

Benim ellerimdesin. Ben bugün sadece seni yaşıyorum. Şu an olduğu gibi, ellerimdeki kitabı okuyorum.

Gerçek Sesleri, Sessizlikte Duyarsınız

Dış dünyamız, görüntüler kadar seslerle de bize savaş açmış durumda. İşimize yarayan yaramayan o kadar çok ses duyuyoruz ki, bunların birçoğu gürültü olarak algılanıyor.

Evde otururken bile buzdolabı, klima, televizyon, fırın, süpürge, yan komşu, zil vs.

Dışarı çıktığımızda korna, seyyar satıcı, AVM, inşaat, sokak kavgaları, müzik, uğultular vs.

Arabaya binince klima, motor ve yoldaki diğer arabalar vs.

Milyonlarca ses var ve biraz düşünürsek, iki farklı dünyanın sesleri arasında sıkışmış durumdayız. Birçoğumuz bu durumdan kopmak, uzaklaşmak için kulaklık takıp geziyoruz. Birçoğumuz kendi kendimize konuşup duruyoruz. Birçoğumuz da dış dünyadan gelen seslere kulak kabartıyor ve yoruluyoruz.

Arada dolup taşmalar yaşayıp susmak, sessiz kalmak istiyoruz. İşitsel hafızamız algılamak istemiyor ve bu sebeple dikkat dağınıklığı çekiyoruz. Köylerden kentlere göçen insanların uzun süre duydukları seslerden tedirgin olduklarını biliriz. Alışık olmadıkları o kadar çok farklı ses duyuyorlar ki, öğrenme süreçleri bayağı zorlu oluyor. İşte bu kadar mesaj bombardımanı içinde gerçek sesleri duymadan yaşıyoruz. Gerçek sesler bize yaşadığımızı hissettirecek seslerdir. Onları sadece sessizlikte duyabilirsiniz. Doğanın, hayvanların, evlerin kendine has sesleri var. İnsan da doğada yaşayan bir varlık. Beton ve demir yığınları insanı gerçeklikten uzaklaştırıp işine yaramayacak mesajlarla baş başa bırakıyor.

Sessizlik an'ları yaratıp sessizlikte sesi yakalamalıyız.

Zihnimiz, mantığımız en doğru şekilde böyle an'larda gelişir. Haftada en az iki kere, minimum beş dakika yalnız başınıza sessiz kalın. Dış dünyanın cansız maddelerinin gürültülerinden uzaklaşın. Rüzgârın, ağaçların, denizin, kuşların, kedilerin seslerini duymaya çalışın.

Farkında mısınız bilmiyorum ama insanı en iyi dinlendiren enstrümantal müzik albümlerinde kuş, su ve doğa sesleri vardır. İnsan o sesleri yakaladıkça yaşamla bütünleşir, var olduğunu hisseder ve bunun hazzını yaşar.

Yan sokaktan havlayan köpekle komşunuzun kedisinin sesini dinleyin. Onlar ben buradayım, yaşıyorum diyorlar.

Rüzgârın sesine kulak verin, senin için esiyorum diyor. Sizler dışarıda sessizlik yarattıkça iç dünyanız da sessizleşecek ve an'ın tadına varacaksınız.

İç dünyanızda ürettiğiniz sesler ya geçmişin pişmanlıkları ya da geleceğin endişeleridir. Durdurun hepsini, artık seni dinlemiyorum, şu an sessizlikteyim deyin. Karar verdiğiniz an'da sessizliğe odaklanın. Zihninizi aktif kullanıp gürültü yaratan seslerden sıyrılıp arada kalmış sessizliğe odaklanın. Eğer ki korna seslerinin yanında köpek havlamasını duyarsanız, yani her ikisini de aynı an'da duyarsanız rahatsız olmaya başlayacaksınız. Beyniniz korna sesini sıkıcı bulurken, onun yanında gelen köpek havlamasıyla kuş sesini de sıkıcı bulacaktır. Halbuki sessizlik yaratarak sessizliğe odaklanıp kuş sesini misafir ederseniz, sistemle bütünleşip ona odaklanacaksınız. Çünkü basit bir korna sesini duyduğumuzda beynimiz çağrışımlarda bulunup başka sıkıcı uyarılar üretecektir. Mesela kornayı duyduğumuz an'ın beraberinde yoğun, sıkışık bir trafik, kaza mesajları da zihnimize gelmeye başlıyor. Onunla birlikte gelen köpek havlaması da olumsuz çağrışımlar üretip ısıran, kovalayan köpekler yaratıyorlar. Sessizliğin içinden gelen bir köpek sesiyse oynayan, doğada koşturan, sıcak, samimi, sevecen çağrışımlar getiriyor.

Bizler çiçeğin, böceğin, hayvanların, denizin tadını şehirden uzaklaşınca çıkarabiliyoruz. Aynı şeyler şehir içinde de varken, başka şeyler yüzünden onları olması gerektiği gibi algılayamıyoruz.

Nerde olursak olalım, evde, işyerinde, sokakta, parkta, AVM'de sessizlik yaratalım. Bir an için duralım. Tüm gereksiz sesleri durduralım. Sadece kendimiz varız o an. Eğer bir ses çıkacaksa bizim sesimiz olacak diyelim. Stresten uzaklaşmak, motivasyon sağlamak, şimdiki zamanın tadını çıkarmak istiyorsak.

Yapabilirseniz haftada bir gün su kenarına gidip biraz suyun sesini dinleyin, gözlerimizin gerçek yeşili görmesi şart. Toprağı, kırı ve ağaçları seyredin.

Haftada bir gün gerçekten kuş sesleri duyabileceğiniz an'lar yaratın. Bazen her şeyi kapatıp (telefon dahil) sessizlik olumlamaları yapın. Bunları yaparken, diğer tüm sesleri istemediğinizi haykırmanız gerekir. O zaman, topraktan geldik deyişinin ne anlatmak istediğini fark edeceğiz. Sessizlik yasası, mutluluk yasasıdır. Bunları yaparken bizim de savunmamız gerekmektedir.

An'ın gücü ve etkisi işte şimdi sizi saracak ve sizinle bütünleşecek. Geçmiş ve geleceğin gürültüleri bloke olacak. Esir olmaktan kurtulacak ve özgürce evrenin bir parçası olmanın tadına varacaksınız.

İşte şimdi, tam şu an'da dua edebilir ve her şeyi isteyebilirsiniz, çünkü dualarınızın ilahi güce ulaşmasını engelleyen, dikkat dağıtan seslerden kurtulmuş olacaksınız. Şimdi şu an'da hazır mısınız sessizliğe?

Hazırım diyorsanız, bu kitabı okuduktan sonra başlayın. Sessizlik sizi bekliyor, çünkü size söylemek istedikleri var.

Seni Kıskanarak An'ı Kaybettim

Herkesi kucaklayarak istemek, hedeflemek gerekir. Sadece kendini kucaklayarak, her şeyin sahibi kendin olmak istediğin an'da bencilleşmeye başlarsın. Unutma ki senin istediklerini aynı an'da, aynı zaman diliminde dünyanın farklı yerlerinden yüzlerce insan da istiyor. Sen ise kendini onlardan ayırıp kendine özel olarak istiyorsun, kendi başıma olayım diyorsun. Bazıları bencillikleriyle istediği birçok şeye ulaşıyor ama kendi başıma olayım niyetleri onları yolun sonunda yalnızlaştırıyor, çünkü böyle istediler. Çok insan var malı mülkü çok ama yalnız.

Bencil insanlar aynı zamanda kıskançtırlar. Bir insanın sahip olduklarını kıskandığınızda neden bende yok diye hırslandığınızda neler oluyor bir bilseniz?

Bu kıskançlık duygusuyla baş edemediğimizde artık kontrol elden gitmiştir, çünkü biz artık ilahi gücün başkalarına verdiklerinden rahatsız olmaya başlamışızdır. Bir nevi ilahi güce karşı gelmişizdir. Kıskanmak, hastalıklı kıskanmak; neden ona verdin bana vermedin demektir. İnsanlığın öğrenmesi gereken, herkesin sahip olduğuna sevinmektir, çünkü başkalarının başarılarından memnun olmak aynı zamanda onlara da yakın olmaktır. Yeryüzündekilere verilen, hediye edilen her şeyi kabul ediyorum demektir.

Kıskançlık aynı zamanda yarışmaktır. Kıskandıklarınızla yarışır ama hep ikinci olursunuz. Kimse başkalarıyla olan yarışında birinci olamaz, çünkü kıskançlık öyle bir duygudur ki, kişinin kendisinin eksik olduğunu hissettirir. Hiçbir zaman size tamlık hissi vermez. Bu hissi yaşayamadığınız için de hep arkada olursunuz.

Yarışı kendinle, kendi geçmişinle yapabilmen en doğrusudur, çünkü insan kendiyle yarışınca sadece kendi gelişimini takip eder, kendi sonuçlarını değerlendirir. Daha sakin daha huzurlu ve daha emindir. Bu sebeple evrenin hızına ayak uydurur ve an'da kalmaya başlar. Bir yerde ara verip dinlendiği zaman aklı başka yerlerde kalmaz. Ama hırslı ve kıskanç insanlar, gerçek dinlenmeye bile dayanamazlar. Tatil günlerinde bile her şeyi kaybettiklerini zannedip panikler. Bu panik onları hızlandırır ve acele ettirir. Duyguları negatif olduğu için kelimeleri de olumsuzlaşır, etrafındakileri kırmaya, üzmeye başlarlar. Egoları hep sen haklısın dediği için duygusal körlüğe girerler, çünkü zirvede tek olmak için kör olmak gerekir diye düşünürler. Kör oldukça başkalarının acıları, ihtiyaçları, üzüntüleri fark edilmez. Annesini, eşini, çalışanlarını, iş arkadaşlarını, sevenlerini, dostlarını kırmaya başlarlar. Kimse diğerinden özel olamaz. Herkes kendi iç dünyasında özeldir. Kendini diğerlerinden özel ve farklı görenler tuzağa düşmüşlerdir. İnsanın kıyameti egodur. Ben ondan zekiyim, o benden farklı, benim çocuğum en güzeli, bizim şirketimiz zirvede tek, en pahalı ve değerli eşyalar benim vb. bencil ve egoist cümleler insanları eşyalara boğar ama insansız yaşatır. Belki de yaşamsal amaçlarımızın gözden geçirilmesi gerekir. Hangi duyguların üzerine hangi niyetleri yerleştireceğiz? Ve bu niyetleri hangi eylemlerle başlatacağız? Bunları kendimize sormalıyız.

Hepimizin başarılarını takdir ettiğimiz, beğendiğimiz, örnek aldığımız birileri vardır, olmalı da. Aslında hepimizde kıskançlık vardır. Yeterli kıskançlık, yani kontrol edebildiğimiz duygu kendi gelişimimize hizmet eder. Ama abarttığımızda bu durum artık bize ruhen ve bedenen zarar verir. Kıskandığımız kişilere de negatif iletişim olarak gider, çünkü onun mutsuz olmasını dilemeye başlıyoruz. Bunu bilinçli söylemesek de bilinçdışımızda bu şekilde oluşuyor.

Duygularımızı tanımamız, onları fark etmemiz ve nasıl kullandığımızı bilmemiz gerekir.

Şimdi bu kıskançlıktan kurtulmak, an'ın tadını çıkarmak, başkalarıyla bütünleşmek ve samimiyet kazanmak için neler yapabiliriz onlara bakalım:

• İlk önce kimlerin hangi özelliklerini ve sahip olduklarını neleri kıskandım, kıskanıyorum? Bunları bir yere not edin. Daha sonra her biri için onları takdir edelim. Yani X Bey'in sahip olduğu x özelliği için onu takdir ediyorum diyelim.

Kıskanç insanlar takdir etmez, takdir edilmek ister.

Siz insanları takdir etmeye başladığınızda bu olumsuz duygudan kurtulmaya, özgürleşmeye, daha sakin olmaya ve daha çok an'da kalmaya başlarsınız.

Yani Ahmet'e Ali'nin başarılarını, Ayşe'ye Meltem'in sahip olduklarını takdir ettiğinizi söyleyin. Bu da kabullenişini hızlandırıp kendi içinizde daha da güçlenmenize yardımcı olacaktır.

- İkinci olarak bir şey isterken, dua ederken başkalarını da katın. Kendi başarınızı isterken bir başkası için de isteyin. Kendi aşkınızın daim olmasını isterken, arkadaşlarınızın da aşkı için isteyin.

Kendi ülkemizin refahı için dua ederken, başka ülkeleri de katın.

Lütfen fark edelim artık, medyanın bize anlattığı ya da özendiğimiz hayatlara sahip insanların bize verdikleri mesajların bazıları yanlış, çünkü insan rol model alıyor ve kimi rol model alıyorsak farkında olmadan tarzlarını, beden dillerini, yaşam tarzlarını da model alıyoruz ve artık kendilik durumumuzdan uzaklaşıp körleşmeye başlıyoruz.

Birçoğumuzun dilinde kültürümüze ait olmayan alıntı cümle kalıpları var. Atarlı, giderli konuşmalar. Ben zirvedeyim, ben divayım, ben şöyleyim, ben böyleyimle başlayan cümleler... Herkesin bir başkasını yenip birinci olma çabaları.

Birçoğunun başkasının mutsuzluğundan mutlu olma halleri. Hey, ne oluyoruz? Nereye gidiyoruz? Biraz durmak lazım, ben ne düşünüyorum, ne istiyorum, ne yapıyorum diye sormak lazım. Çılgınlar gibi somut şeylerle doldurduğumuz dünyamızda soyut duyguları koyacak yer kalmadı.

Seversem, iyilik yaparsam malımı çalarlar, kazık atarlar, koltuğumda gözleri olur diyerek, zalimleşiyoruz. Yalnız geldim, yalnız gitmeliyim diyoruz. İşte bu sebeple kıskançlıklarımız artıyor ve zamanın kalitesini kaçırıyoruz. Ya geçmişteki acılarla ya da gelecekteki ulaşamayacağımız hayallerle baş başa kalıp, şimdiki zamanda ne güneşin ışığını, ne ailemizin duygularını, ne hayvanların ihtiyaçlarını, ne doğanın akışını ne de sevdiklerimizin bakışlarını yakalıyoruz.

Eğer yakalamak istiyorsak, an'a odaklanmamız gerekiyor, çünkü gelecekteki mutluluklarımız ve barışçıl bir dünya şimdiki zamandaki niyetlerimizle oluşacak.

Yaşam Zamanda Anlam Bulur

Zaman...

İnsanın baş edemeyeceği tek şey zamandır. İnsan sahip olduğu çoğu şeyi, özellikle somutları nasıl kullanması gerektiğini çoğu zaman bilebilirken, söz konusu zaman olduğunda durum farklılaşabilir. Çünkü zamana karşı her olayda farklı bir algı yaratırız, oysaki zaman hep aynıdır. Kişiye göre ya da olaylara göre değişmez, zamanı değiştiren şey insan zihnidir, onun düşünceleri, hayalleridir. Zamanı iyi veya kötüye kullanmamıza neden olan da algılayış şeklimizdir.

Zaman kavramı psikolojik durumlarımıza göre de farklılık gösterir. Bazen hızlı akıyor bazen de hiç geçmiyor gibi gelir. Oysaki akışta bir değişiklik yoktur, burada da odak noktası yine insandır, çünkü insan beyni inanılmaz bir potansiyele ve yaratım gücüne sahiptir. Beyin duyduğu, gördüğü her şeyden bir duygu yaratır. Bu nedenle, insanlar gerçek dünyayı zihinlerinde yarattıkları gibi zannederler, oysaki her şey bir illüzyondan ibarettir.

Önemli olan "o an'da kalabilmektir", "şimdiye odaklanabilmektir". "Şimdi ne yapıyorum", "ne düşünüyorum, ne hissediyorum"a odaklanabilmektir. Zamanı doğru kullanmanın en önemli kuralı şimdiyi kullanabilmektir.

Şimdiyi kullanamayan insan ya geçmişte ya da gelecektedir. Özellikle geçmişle çok yaşamak zamanın en verimsiz kullanılış şeklidir, çünkü doğru kullanılmayan zaman telaş getirip stres ve öfke yaratır. Burada tek yaptığımız geçmişin pişmanlıklarını geleceğin endişelerine yem yapıp, şimdiki zamanı öldürmektir. Bu nedenle zamanda yolculuk gerekmediği zaman kullanılmamalıdır.

Şu an'da kalamayışımızın nedeni ise her şeyi sürekli şartlara bağlamamızdır. Param olsaydı, sağlığım şöyle olsaydı vs. Ben de zamanda kalabilirdim diye bahaneler üretiyoruz. "Şöyle olsaydı, böyle yapardım" şeklinde yapabileceğimiz ama yapamadığımız güzel şeyleri şartlara bağlıyoruz. An'da kalmak için bir şeylere hep şart koşuyoruz. Sonunda da başarısızlık, tatminsizlik gibi olumsuz duygularla boğuşmak zorunda kalıyoruz.

Oysaki güçlü olmak, elinde hiçbir şey olmadan bir şeyleri başarabilmektir. Güçlü insan, hiçbir şey yokken öyle olabilendir.

Yaşam Amacı

Doğumla
(Bebeklik-Çocukluk)
Sevgi-Korku

Ergenlik-Yetişkinlik
Paylaşmak

Doğduğu an'dan itibaren insanın yaşama amacı sevgidir. Özellikle bebeklik ve çocukluk dönemlerinde hiçbir şey yapmadan insanlara verdiğimiz şey sevgidir, çünkü her birimiz sevgi verme konusunda büyük potansiyelle dünyaya geliriz. Bebeklik ve çocukluk dönemlerinde karşı taraftan aynı şekilde sevgi ile karşılanırız. Burada karşılıksız bir sevgi akışı vardır, çünkü biz yetişkinler, bebekleri ve çocukları zarar olarak görüp onlara koşulsuz sevgi veririz.

Bu dönemde onların asıl ihtiyaçları karnım doysun, altım temizlensin gibi daha çok fiziksel ihtiyaçlardır, yaşam amaçları ölmemektir.

Bebekler ve çocukların hayatlarını sürdürebilmeleri için sevgiye ve bakıma ihtiyaçları vardır. Burada temel duygu sevgidir.

Sevginin yanında her zaman var olan bir duygu vardır ki, o da korkudur. Korku, insanları birbirinden uzaklaştıran bir duygudur. O sebeple korkuyla kaçanlar, sevgiyle birbirlerine yaklaşırlar. Bu nedenledir ki en mutsuz insanlar, korkuyla kaçarken sevgiyle yaklaşacağı kimseleri olmayanlardır.

Çocukluktan ergenliğe geçişte hem ben hem diğerleri anlayışı gelişmeye başlar. Hayat "paylaşmak" duygusunu fısıldamaya başlar. Artık yanınıza biri geldiği an'da ilk şunu duyarsınız "paylaş" ve büyüdükçe "duygu paylaş" demeye başlar hayat. Kardeşinle paylaş, arkadaşınla paylaş...

Çocukken paylaşılan somutlar, büyümeye başladıkça yerini duyguları paylaşmaya bırakır. Empati kur, onu anla der hayat. O yüzdendir ki hepimizin yaşam amacının temelinde "paylaş" vardır.

Hayat amacı, senin dışındakilere karşılık beklemeden paylaşacağın şeydir. Peki, ne olmalı paylaşacağım şey? Zamanını paylaş örneğin! Çünkü zaman, paylaşıldıkça kaliteli olmaya başlar. Dertler paylaşınca azalırken, mutluluklar paylaşıldıkça artar. Her şey o zaman anlam bulur. Yaşamak demek, somutların kontrolünde sürülen sahte mutluluklar demek değildir. Hayat paylaşıldığında anlam bulur. Eğer sen zenginliğini paylaşabiliyorsan, gerçekten zenginsindir; sahip olduklarının esiri olarak yaşıyorsan değil.

Sistem öylesine güzel bir şekilde kurulmuştur ki, aslında her şey amacına uygun akıp gider. Mutsuzluklar, problemler insanoğlunun bu akışın ritmine ayak uyduramamasından kaynaklanır.

Zamanda durağanlık diye bir şey yoktur, her şey akıştadır. Bu nedenle doğanın düzenine ayak uyduramayıp depresyona girebilen tek canlı insandır. Ne hayvanlar ne de bitkiler depresyona girmezler, hepsi görevini yapar. Küsüp bal yapmayı bırakan arı yoktur örneğin ya da bugün çok sıkıldım süt vermeyeceğim diyen inek. İnsandır, acı olaylardan dolayı küsen, sevmeyi bırakan, üretmeyen, çalışmayan. Hayata küsen, hayatını sınırlayan gelecekten bir şey bekleyemez.

Öyleyse adım atmak gerekir. Hayata küsmeden yola çıkmaktır önemli olan. Yılmadan mücadele etmek gerekir. Mutluluk, mücadele ruhunu arttırırken korkuları azaltarak gelir. Hedefe giden yolda bazen dinlenmek gerekir, ama asıl olan vazgeçmemektir, çünkü insan engellerle büyür.

Dünya engellerle doludur ama önemli olan gerektiğinde esneyerek başka bir yoldan amaca ulaşmaya çalışmaktır, çünkü güzel olan her şeyin arkasında zorluklar olduğu gibi, tüm bu zorluk ve olumsuzluklar aslında yetenek ve becerilerimizi ortaya çıkarmak için de birer fırsattır.

Zaman mücadele ister.

Örneğin yüksek bir bina düşünelim, asansörü olan bu binada en üst kata çıkan merdivenler ve bir de giriş kapısı var. Herkes hayata bu kapıdan girer. Bazı insanlar hızla asansöre binip binanın en üst katına çıkarlar ve bir an'da buraya gelen insanlar, yoldaki tehlikeleri hiç görmemişlerdir, onlar hayatlarında her şeyi hazır bulan kişilerdir; tehlike görmedikleri, mücadele etmedikleri için de tehlikelerle baş etme becerileri gelişmemiştir.

Sıkıntılarla, tehlikelerle baş etme becerileri olmadığı için de korkaktırlar. Özellikle karanlıktan ve cin, peri gibi şeylerden korkarlar, çünkü bunlarda belirsizlik vardır. Normal hayata dönüp, mücadele etmeyi bilmezler; mücadeleyle basamakları tek tek çıkanlar ise, diğerleri gibi endişe taşımazlar.

Mücadeleyle yukarı çıkanlar, ilahi güce sığınarak kapıları açık bile yatabilirken, diğerleri kapılarını kilitleyip, güvenlikli evlerde kalırlar ama yine de korkarlar.

Asansörle çıkanlar hayata karşı korkak, kendine karşı cesur; merdivenle yavaş yavaş çıkanlarsa hayata karşı cesur olur.

Bu nedenle merdivenleri çıkarken karşılaştığımız zorluklar karşısında kararlı bir duruş sergilememiz gerekir. Hayat mücadele ister ve her bir saat için bile yapılabilecek çok şey vardır. Yaşam amacı ve hedeflerimize ilerlediğimiz bu yolda en belirleyici faktörler mücadele ruhumuz ve zamanı kullanış şeklimizdir, çünkü yaşam zamanda anlam bulur.

Şu An'da Düşünelim

- Kalıcı olmayan bir şey elinden gitti diye ağlamak olur mu?
- Zihnin en tehlikeli olduğu an, sahibinin boş kaldığı an'dır.
- Kendini teslim edemediğin an'da olan ne varsa, yaşamamış say. Bir şeyi yaşamak, ona teslim olmak demektir.
- Allah mükemmeldir ama mükemmeliyetçi değildir. Kimse dört dörtlük insan ve hayat aramasın, kimse de kendini mükemmel sanmasın. Güzel iftarlar...
- Aslında hiçbir şeyin sahibi değiliz, sadece elden ele giden bir şeyler var. Sen de eskiyip başkasında yenilenen. Adı ise HAYAT.
- Kimsenin hayatı acıdan ve üzüntüden arınmış değildir. Onlardan kaçmak yerine onlarla yaşamayı öğrenmek zorundayız.
- Biliyorum sen de bir illüzyonsun, zaman geçtikçe sadece zihnimde yaşayacaksın.
- Şu an, şimdi, gerçekten an'ın içinde hangi soruları soru-

yor beyniniz? Sorular mı? Cevaplar mı mutlu ya da mutsuz eden?

- Hakkında dedikodu yapana teşekkür et. Her konuşmasında Allah sana hediye gönderir. Teşekkür ederim fitnecilere bana hizmet ettikleri için.
- Herkes gerçeği kendi çıkarına göre yorumlamışken, aranan kan nasıl bulunsun?
- İçimiz boşaldı, dışımızı süslemekten. Dışımız zenginleşti, iç fakirliğimizden.
- İstediğimiz her şeyin başına "en"leri koyduk. Artık ne çıksa karşımıza yetmeyecekmiş gibi algılıyoruz.
- Sen iyi ve doğruyken işlerin ters gitmeye başladıysa sevin. Daha iyisi için hazırlanmanı istiyor Allah.
- Her gece biten, her sabah yeniden başlayan bir ömrün var. Bu kadar abartma kendini, sen de o ömürle bitip başlıyorsun be dostum.
- Bırakın herkes hak ettiği yerde kalsın. Fazla verince zarar, az verince gaddar oluyorsun. Herkese karşı dengede kal, çünkü ederi o kadar.
- Kalbin zenginliği kalp kazanmakla olur. Kalp kıran fakirdir, gün gelir sevgi istiyorum diye dilenir.
- Ailen de olsa başkalarının hayatını kolaylaştırma. Rahat tuzağına düşenden kıymet bekleme. İnsana destek olmak farklı, hayat sunmak faklı.
- Hayat kimseyi ayırmadan hizmet ediyorken herkese, senin ne hakkın var, farklı olanı dışlamaya. Kimsin ve nesin bu dünyada? Haddini bil!
- Güneş bile dili, dini, ırkı, cinsiyeti, tercihi başka olan her-

kese doğarken, senin hakkın yok o güneşi söndürmeye. Işık olamıyorsan, engelleme.

Beslenme Stratejisi ile An'da Kalmak

Az ye An'da Kal

İnsanın kontrol etmekte zorlandığı şeylerin başında fiziksel açlıklar gelir. Yeme içmeye ve cinsel açlığa sabır göstermekte zorlanırız.

Danışanlarımın çoğunda bu açlıklardan oluşan ve yönetemedikleri için meydana gelen öfke ve stres sorunları vardır, çünkü çoğu insan duygusal açlığını doyuramadığı için, fiziksel tokluktan abartıya gidiyor. Örneğin sevilme ihtiyacı karşılanmamış olduğu için çok fazla yemek yiyip kilo alan ya da aitlik duygusu gelişmemiş olduğu için, cinsellikle başka bedenlerde aitlik bulmaya çalışanlar gibi.

Beden ile ruh arasında önemli bir ilişki vardır.

Bedendeki aşırı doyum, duygularımızın olumsuzluklarında aşırılıkları ortaya çıkarır.

Deniz 30 yaşında çok genç, kilolu, iş güç sahibi bir kadın.

Danışmanlık için bana geldiğinde en büyük sorununun sağlıklı, uzun soluklu ve evliliğe giden bir ilişki kuramadığıyla ilgiliydi.

Beyni sürekli geçmişteki olumsuz deneyimlerine odaklandığı için korkuları yükselmiş. Evliliğe olan inancı azalmış ve erkekler hakkında önyargıları artmıştı.

30 yaşına kadar sayısız ilişki yaşamış ve hepsi en fazla 1 ay sürmüş. Her ilişkisinde defalarca cinsel ilişki yaşamış. Her ilişkiden sonra terk edildiğini fark etmeye başlamış.

Deniz, "Aşkım Bey, erkekler için cinsellik önemli değil mi?"

Ben, "Evet, hem erkekler hem de kadınlar için önemli."

Deniz, "Peki, neden her ilişki sabahı terk ediliyor?"

Ben, "Ruhlar sevişmeden bedenler sevişir mi?"

Deniz, "Nasıl yani?"

Ben, "Her türlü ilişkide duyguların buluşması önemli. En basit bir arkadaşlıktan bile sevgi, güven, umut, saygı gibi duyguların karşılık bulmasını isteriz. Öyle kolay harcanacak şeyler değil ki bunlar. Zamanla, inandıkça arkadaş, dost edinir ve sarılmaya, dokunmaya başlarız. Evliliğe giden yolda, ruhu doyurmada, bedeni doyurmaya çalışırız. Cinsellik sonuçtur. Duyguların tatmini sağlandıktan sonra insanlar ilişkilerini bir üst aşamaya götürürler, kültürümüzdeki kız isteme, söz, nişan ve sonra düğün ritüelleri bunun içindir. Düğüne kadar her aşamada kadın ve erkek birbirlerini tanımak için zaman yaratır, bedel öderler.

Deniz, "Bu anlattıklarınız eskide kaldı ama!"

Ben, "Yoo, sadece ismini değiştirdik. Kız istemenin adı, tanışma oldu. Nişanın adı, sevgili olma oldu. Kına gecesinin adı, bekârlığa veda partisi oldu. Sonra ise düğün. İsmi değiştikçe içeriği de değişti."

Deniz, "Ne fark eder?"

Ben, "Tabii ki fark etmez. Sadece ne algıladığımızla ilgili."

Deniz, "Bana dönelim, neden böyle oluyor?"

Deniz bu soruyu sorduktan sonra, birkaç seans yapıp kendini tanıma yolculuğuna çıktık.

Deniz şunu fark etti, erkeklerden sevgi bulabilmek için sık sık cinsel ilişkiye giriyor. Dokunsal temaslarda kendince tatmin sağlıyor ve anlık aitlik duyguyu geliştiriyordu.

Kısa sürede erkekler, bedel ödemeden bedenine sahip oldukları için Deniz'i tanımak ve sevmek için çaba sarf etmiyorlardı.

Ayrıca tüm sevgi ve aitlik beklentisini bir erkek üzerine o kadar yoğunlaştırmış ki, başka alanlarda doyumlar yaşamaz hale gelmiş.

İşinde, arkadaşlıklarında, ailesinde, maneviyatında yaşadıkları onun için nötrleşmeye başlamış. Kendi değerini sürekli erkekler üzerinden belirlemeye başlamış.

Her olumsuz deneyimden sonra kendini daha da değersiz hissedip yıkılmış.

Artık geçmişten kurtulamayan, an'a odaklanamayan, gelecekle ilgili kaygıları da yüksek olan birine dönüşmüş. Geçmiş deneyimlerle çalıştıktan sonra, an'la ilgili davranışsal terapi çalışması yaparak, yeni bir dönüşüm sağlamayı başardı.

<u>İnsanı mutsuz eden şeylerin başında aşırı fiziksel doyum gelir.</u> Aşırı yiyerek, içerek ve aşırı cinsellik ile ruhumuzu köreltiriz.

İnsan tok olduğu zaman kendi keyfiyetine o kadar odaklanır ki, algısı kapanmaya başlar. İnsan daha az sınırlı düşünmeye başlar. Beynimize buhar dolar ve gerçeklerden uzaklaşırız. Genelde ağırlık çöker ve uykumuz gelir. Daha sonra dikkat dağınıklığı başlar.

"Az gülmekle kalplerinizi ihya ediniz. Açlıkla temizleyiniz. Saf ve hafif olsun."

Hz. Muhammed (S.A.V.)

İnsan aşırı yedikten sonra an'ı kaybeder.

Bakalım aşırı yemek hangi duyguları arttırıp bizi ondan uzaklaştırıyor?

1. İnsanı kasvete düşürür, düşünceleri sertleştirir. Bu nedenle dilimizle söylediğimiz güzel sözler kalbimize inmez.

2. Sabır duygusunu azaltır, hızlı ve çok yediği için kalbine acelecilik gelir. Etrafındaki her şey ve herkes ona ağır, tembel gözükür. Aceleci olup herkese kızar, eleştirir. Sürekli, "Çabuk olun, hızlanın," der. An'dan uzaklaşıp sürekli gelecek kaygısı yaratır. Bulunduğu ortamdaki enerjiyi negatife dönüştürür.

3. Aşırı yerken gözümüzü çok aktif kullanırız. Göz her şeye odaklanmaya başlar. Aşırı hassasiyetten dolayı konuşma artar. Sürekli eleştiren, çok konuşan insanlara dönüştürür. Gözümüzle kalbimiz birlikte çalışır. Göz ayrıntıdaki olumsuzluğa odaklandıkça, kalbe negatif duygular gelir. Kalp dile verir ve negatif konuşmalar başlar.

4. Çok yemek için, çok alışveriş yapmak ve mutfakta çok zaman geçirmek gerekir. Göz doymadığı için çok fazla yemek yapılır ya da sipariş edilir. Tıka basa yenir ve kalır bir kısmı. Hem israf hem de ağırlık çöker. Tüketimi artırmadan üretime geçilemez. Birey, aile ve toplum ürettikçe mutlu olur. Yeni dünya düzeninin en büyük amacı, tüketime yöneltmektir. İnsanları birbirinden ayırırsanız, yalnız bırakırsanız birlikteliğin verdiği mutluluğu yaşayamadıkları için eşyalarla ve yiyecek-

lerle olan ilişkilerini abartırlar. 5 kişilik bir aile üç ekmek ile gün içinde doyabilirken, bu 5 kişilik aile parçalanırsa, her biri bir ekmek alır ve genelde yarısı çöpe gider. Yalnızlık kitlesel tüketimi artırır. Yalnız olan her insan kendi gibi yalnız olan bir başkasının tüketimini görüp kıyaslamaya gider. Onun gibi tüketince, mutlu olacağını zannedip aşırıya kaçar. Eskiden komşular birbirlerinin çöplerini bile görmezdi. Ne tükettiklerini bilmezdi. Herkes başkasında yoktur diye dikkatliydi. Şimdi herkes sokakta, TV'de başkalarının ne yediğini, ne giydiğini görerek daha fazla acıkıyor, aslında beden değil, ruhlar acıkıyor.

5. Az yemekle vücut daha sağlıklı olur. Bunu Dr. Mehmet Öz dahil, tüm tıp dünyası söyler. İlaçlardan kurtulur insan. Daha zinde ve güçlü hisseder. Kişi bu zindelikle an'ın farkındalığına ulaşır. Bedensel hastalıklarla ilgili kaygılar azalır ve sağlıklı yaşamın tatminine ulaşır. Karnımız şiştikçe vücut ağırlığımız artar. Yere daha fazla basınç uygular, yerimizden hareket etmekte zorlanırız. Bu sebeple birçok şeyi erteler ya da iptal ederiz. Zamanla kazanacağımız birçok şeyden, ağırlık sebebi ile uzaklaşırız.

Hatırlatma:

Çok yemek göze perde indirir ve insan kendini yalancı bir rahatlığın içinde bulur. Oysa gerçekler o an içinde akarken, kişi kendi yarattığı sahte gerçek zannında uyur.

Peki, yeme alışkanlıklarını bir an'da nasıl değiştirir insan?

Tabii ki hızlı değişimler tehlikelidir, yapmamız gereken lokmaları yavaş yavaş azaltmaktır. Öğünlerimizi azaltmadan, yani sayısını değiştirmeden hareket edin. Her öğün kendinize ekmek sınırı koyun. Mesela her öğünde üç dilim ekmek tüketiyorsanız, bu ilk hafta ikiye, ikinci hafta bire düşürün. Bunu yapabilmenin en basit yolu, bir dilim ekmeği koparıp yerken parçayı küçük tutmaktır. Beynimizin alıştığı lokma sayısı vardır. Her yemek an'ında o sayıya ulaşmak ister. Diyelim ki her bir dilim ekmeği beş harekette koparıp bitiriyorsak, ilk hafta daha küçük koparışlarla sekiz dokuz lokma haline getirelim. Zamanla üç dilimde on beş lokma ile yarattığınız alışkanlığa bir buçuk dilimle ulaşacaksınız. Yani ileride bir dilim ekmeği belki on beş hareketle tüketeceksiniz. Beyin aynı sayıya ulaştıkça, kendini rahat hissedecek. Aslında hareket sayısı aynı kalacak, sadece içerik değişecek. Beyin içerikle pek ilgilenmez. Zamanla hafifleyeceksiniz.

Şimdi sıra yemekleri yeme şeklimizde:

Yapılan araştırmalar çoğunluk olarak kilolu insanların yemek yerken tabaklarına dikkatlice baktıklarını, zayıf insanların ise pek dikkat etmediklerini gösteriyor. Yine yapılan araştırmalarda bizler ilk olarak ekmeği ağzımıza atar, ardından kaşıkla yemeği ağzımızda buluştururuz. Beyin hem ekmeği hem de yemeği tam olarak algılayamadığı için daha çok tüketmek ister.

O zaman şöyle yapacağız:

Ekmeği ağzımıza atacak ve çiğneyip yutacağız. Daha sonra yemeği kaşıkla yiyecek, çiğneyip yutacağız. Beyin kısa sürede tokluğa ulaşacağı için aşırısını istemeyecek.

Birçok diyet bu sebeple tutmaz. İnsanların öğrenmesi gereken yediklerinin ne olduğundan ziyade, nasıl yedikleridir. Yani beslenme stratejisi farklı bir şeydir.

21 Günde An'da Kal

An'da kalamazsak, ya geçmişe ya da geleceğe yakalanırız. Bizi yakalayan geçmiş ve gelecek her zaman olumlu halleriyle zihnimize saplanmaz. Genelde çoğu insanda acıya odaklı bir ruh hali olduğu için, acıları bulup önümüze getirmesi daha kolay olur. İnsan ya hazza yaklaşmak ister ya da acıdan kaçmak. İkisinin arasında gider gelir hayat.

Kurtulamadığımız her olumsuz düşünce ve davranış daha önceden yavaş yavaş ama istikrarlı bir şekilde tekrarladıklarımızdır. Beynimiz düşüncelerimizin olumlu ya da olumsuz olması ile pek ilgilenmez. O daha çok hangisini ya da hangilerini sık tekrarlıyorsak onu istediğimizi düşündüğü için bize yaşatır.

Ülke olarak gelişimsel süreçlerimize bakıldığında, bundan 20 yıl öncesine kadar işçilik dönemi hâkimdi. Teknolojinin pek gelişmemiş olması, tüketimin az olması ve biz dilinin hâkimiyeti sayesinde insanlar daha çok an'da yaşıyorlardı. İşçilik döneminden dolayı insanlar sadece çalışıp, üretip bir çatı altında yaşamaya çalışıyorlardı. Şimdilerde ise işçilik dönemi yerini rahatlık dönemine bıraktı. Geçmişin işçi, yani sürekli çalışan, üreten anne babaları, hayattan pek haz alamadıklarını düşündükleri için, kendi çocuklarına özgür ve rahat bir yaşam sağlamaya çalıştılar. Yani kendi geçmişlerini çocuklarında düzeltmeye başladılar. Bu çaba bir taraftan iyiyken, bir taraftan da olumsuz etkileri getirdi, çünkü teknoloji ile rahata çıkan hayat, anne babanın ödül, rahata çıkarma, sorunları yok etme çabaları yüzünden çocuklarda sorumluluk bilincini azalttı. Bu bilinç azaldığı için, yetişen bireyin kendi başına kaldığı an'lar çoğaldı. Yani daha özgür ama daha sorumsuz hale gelmeye başladık. Çok şey isteyebilen ama hepsini hedefleyemeyen insanlar olarak stresimiz arttı. Dünyaya hâkim olan tek başına ol, mutlu ol ilkesi Türkiye'de de baş göstermeye başladı. Birçokları bu tek başınalık yüzünden an'lık kararlarla yaşama katılıyorlar. Bir an'lık kararla evlenip, bir an'lık kararla boşanır olduk. Bir an'lık kararla dost edinip, bir an'lık kararlarla düşman oluyoruz. Hızlı yaşam, hızlı gelişim insanda olduğu gibi doğada da kendini gösterdi. Yani hızlı bir çağda yer arar olduk kendimize. Çabuk sıkılan, sorumluluktan rahatsız olan, başkasına ya da başkalarına ilgi göstermeye isteği olmayan, kısa süreli hazlarla yetinmeye çalışan bizler, kendi egomuzun kölesi olma yolunda ilerliyoruz. Oysaki yaşama ayak uydurmak gerekirken, yaşamın bize ayak uydurması gerektiğine inanıyoruz.

Yani dengeyi kaybetmek üzereyiz. Paramızın çok olması, çok güzel ya da yakışıklı olmamız, çevremizin genişliği mutluluk ölçüleri olmadıklarını bize gösterince, şok olmaya başladık. Çünkü biz bunların bizi huzura, mutluluğa götüreceğine inandırıldık. Asıl mutluluk nelere sahip olduğumuzdan ziyade, nasıl düşündüğümüz ve nasıl yaşadığımız ile alakalı. Yani sahip olduklarına zihninden ne anlam veriyorsun ve onlarla nasıl yaşıyorsun?

Ders çalışan çabuk sıkılıyor, iş hayatındakiler çok fazla strese giriyor, hayallerine ulaşamayanlar hayata küsüyorlar, çünkü yaşadıkları an'a değil, zihinlerinde olmak istediklerine ya da yaşamak istemediklerine odaklanıyorlar. Bu süreç insanda neden yaşıyorum, her şey hep aynı olacak, şansım yok gibi olumsuz inançlar yaratıyor. Kendi içsel sürecimizdeki bu inançları dış dünyadan gelen olumsuz mesajlarda pekiştiriyoruz. Dünyada olan hastalıklar, savaşlar, ülkemizdeki terör olayları, şehit haberleri, trafik kazaları, aldatma haberleri ve cinayetler o kadar çok gözümüze, kulağımıza sokuluyor ki, içimizdeki olumsuz inançlar kemikleşiyor, yani umudumuz azalıyor. Umudun azaldığı yerde heyecan olmaz, motivasyon olmaz. İnsanlar robotlaşır, duygularını acı çekmemek için kullanmak istemezler, yani acı çekeceğine, aldatılacağına inandığı için sevmek istemez. Zengin olamayacağını düşündüğü için çalışmak istemez, dolandırılacağına inandığı için işbirliğinden kaçar ve yavaş yavaş yalnızlaşır. Bir süre kendi dünyasında çözüm arar. Parası olan Hindistan'a gider, olmayan evinde mum yakar, iç dünyasında gezer. Kimi kumara verir kendisini, kimi alkole. Herkes bir yol bulur kendine. Çok azımız mutluluğun an'da olduğunu görürüz, çünkü diğerleri bir zan yaratıp ona inanmanın daha kolay olduğunu düşünürler.

21 Günde AN'da kalmak bölümünde, danışmanlık seanslarımda kullandığım etkili yöntemleri sizlere sunacağım. Bu

tekniklerle hem konsantrasyon becerimiz artacak, hem an'da kalma süreçlerimiz etkili olacak, hayatın daha çok olumlu taraflarına odaklanabileceğiz, daha pozitif bakıp sorumluluk alma kısmında motivasyonumuz artacak.

Beyin nöron denilen küçük sinir hücrelerinden oluşur.

Bu nöronlar diğer nöronlarla bir sinir ağı kurmak için küçük dallara sahiptir.

Bu sinir ağında fikirler, düşünceler ve duygular oluşturulur ve birbirine bağlanır.

Hepsinin birbiriyle olası bir ilişkisi vardır.

Bir nöronun yeni bir bağlantı kurma süresi 21 gündür. 21 günde hücre bölünmesi gerçekleşir. Bu ne demektir?

Bir davranışı, bir duyguyu, düşünceyi, davranış modelini 21 gün boyunca devam ettirmek, kurulan yeni nöron bağlantısı sayesinde o davranışın alışkanlık haline gelmesini, o duygu ve düşünce içinde olmamızı sağlar.

Niyetini Sorgula

Yaptıklarımızın değil, davranışlarımızın altındaki niyete göre karşılık alırız. Birine su vermek, işyerinizde çok çalışmak, başkasının hakkını savunmak, annemize iyi davranmak, eşimize çiçek almak gibi binlerce eylemlerimiz vardır. Dış dünyaya işitsel ve görsel olarak verdiğimiz davranışlarımız o an için bir karşılık bulur belki ama gerçek karşılığını daha sonra niyetimize göre alırız. Diyelim ki bir olay karşısında haksızlığa uğradığını düşündüğünüz bir arkadaşınız var. O an haksızlığı fark etmeniz değil de, onu savunmalıyım, çünkü onun bana faydası var, beni daha çok sever gibi başka niyetlerle eyleme geçerseniz, arkadaşınız o an mutlu olacak ve kendisi için sizi dost gibi görecektir. Yani kısa vadede kazançlı gibi görünürsünüz. Ama uzun vadede niyetler yavaş yavaş ortaya çıkacağından arkadaşınız eninde sonunda sizin gerçek niyetinizi anlayacak ve sizden uzaklaşacaktır. Bu kaçınılmaz bir sondur.

Ben bu eylemi neden yapıyorum? En alttaki gerçek niyetim ne diye sorgulamalıyız. Gerçek niyetlerimizi bulduğumuzda, gerçekte yaşayacaklarımız da belirginleşmeye başlayacaktır.

Yüzeyde yaptıklarınızdan dolayı kendinizi değerli hissedebilirsiniz ama en alt nedenlerde bir yanlış kodlama varsa işleriniz de istenilen şekilde gitmeyecektir. Birilerinin gözüne girmek için doğa dostu, hayvansever gibi gözüken insanların o an için kazandıklarını biliriz ama gözlerine girmeye çalıştıkları insanın uzun vadede onları yanlarında barındırmadıklarını da görürüz. Bazen de sizin tamamen iyi niyetle samimi yaptığınız şeyler, o an için yanlış anlaşılabilir, kimse sizi anlamasa da yine biliriz ki zamanla herkes gerçeği görecektir. En temel niyete bakarsanız insan genelde kendi hazlarına hizmet etmek ister. Yaşam içerisinde sadece kendisinin değil, diğerlerinin de çıkar ve mutluluklarını niyetlemesi gerektiğini öğrenir. Kendine çok fazla odaklandığında bencilleşmeye, kendisi ile başkalarını eşit düşünmeye başladığında sağlıklı sosyalleşmeye, başkalarını kendisinden fazla önemsemeye başladığında ise fazla tavizden kullanılmaya başlayacaktır. Yani her şeyin aşırısı zarardır.

Niyetlerimizde samimiyet en önemli unsurdur. Bunu kendimize itiraf edebilmeliyiz. Bunun farkına varmak, bir insan için en önemli terapidir. İnsanın iyileşmesi kendi gerçek niyetlerini fark etmesi ile olur, çünkü bu farkındalık kişinin ruh dünyasına iyi gelecektir. Hayatın insanla oyunu vardır. Bizler bir şey için niyetlendiysek, hayat bizim samimiyetimizi sınamadan akmaz. Birini gerçekten iyi niyetle seviyorsak, bunu ispatlamamız için sevdiğimizle sınanırız. Bir yere gerçekten bir okul yaptırmak istiyorsak ve bundaki niyetimiz gerçekten fayda ise, hayat okulu yaptırana kadar karşımıza bir sürü engel çıkarır. Öyle anne babalar var ki evlatlarını temelde sağlıksız niyetlerle yetiştirmişlerdir. Asıl niyetleri, ileriki yıllarda, yani yaşlandıklarında kendilerine bakmalarıdır. Hayata bir insan hazırlamak yerine, kendilerine bakıcı niyetiyle çocuk yetiştiren bu ebeveynin evlatlarının büyüdüklerinde ciddi ilişki problemleri yaşadığını görürüz. İyi niyet de kötü niyet de eninde sonunda insanın kendisiyle buluşur. Yani niyetiniz bu hayatta sizi bulmadan kaybolmaz.

Bu durumu size bir hikâye ile anlatmak istiyorum:

Ülkenin birinde, her sene düzenlenen bir yarışma zamanı yaklaşır. Bu yarışmada sadece down sendromlu çocuklar koşarlar. Bir sene boyunca eğitmenleri tarafından yarışa hazırlanırlar. Hepsi çok heyecanlıdır. Aileleri ve izlemeye gelen yüzlerce insan onların nasıl yarışacağını merak eder. Yarış günü gelir ve koşu kıyafetlerini giymiş 20 down sendromlu çocuk start düdüğü çalınca koşmaya başlar. Yüzlerinde tebessüm, nefes nefese koşarlarken içlerinden birisinin ayağı takılır ve düşer. Düştüğü gibi canı yandığı için ağlamaya başlar. Diğer 19 yarışçı, arkadaşlarının düştüğünü ve ağladığını görünce teker teker yarışı bırakıp arkadaşlarının yanına giderler. Hepsi onun başında bekler ve aralarından bazıları arkadaşlarını öpmeye, susturmaya çalışır. Bir an'da seyircilerde sessizlik olur. O an'da diğer 19 yarışmacı da ağlamaya başlar. Yarışma biter ve hepsine birden birincilik ödülü verilir. İşte 19 çocuğun gerçek niyetleri kazanmak ve hırs değil, tamamen arkadaşlarının üzüntülerine ortak olmaktır. BU toplu ve samimi gerçek niyet seyirciler tarafından hissedildiği için ortamı buruk bir sevinç kaplar, çünkü insanlar samimiyetin gerçekliği ile duygulanırlar. Genelde pek rastlamadığımız bu niyetlere belki eskiden daha da alışıktık ama şimdiki yüzyılda birçok insan gerçek niyetlerini saklamayı iyi biliyor.

Bir öğretmenin gerçek niyeti öğretmek olmalı ama içlerinde özel ders vermeye niyetliler de var. Bir belediye başkanının gerçek niyeti halkına hizmet olmalı ama içlerinde usulsüzce zengin olma niyeti olanlar da var. Bir işverenin gerçek niyeti hem kazanmak hem de kazandırmak olmalı ama içlerinde sadece kendi kazanma niyetinde olanlar da var. Bir kadının evlenirken gerçek niyeti mutlu bir aile olmak olmalı ama içlerinde sadece kocasının parasına sahip olma niyetinde olanlar da var. Bir erkeğin evlenirken gerçek niyeti sadık olup, sahiplenmek ve ailesini korumak olmalı ama içlerinde gizlice sadakatsizlik yapma niyetinde olanlar da var.

Gerçek niyetler kendisini sahte niyetlere bıraktığında düzende ciddi yıkımlar olmaya başlar. Hayat samimiyetsiz insanlar yüzünden artık çekilmez bir hale gelmeye başladı. Yaşadığımız doğanın mahvolması, hayvanların nesillerinin tükenmesi tamamen niyeti bozuk insanoğlunun eseridir. Sorduğunuzda her insan hayvansever ve doğasever ama çok azımız hayvanların ve doğanın sağlığı için bir şeyler yapıyoruz. Yani dilde samimi, davranışta belkici ama niyette yalancı olabilenlerimiz de var bu hayatta.

Şimdi sizlerle niyetlerimiz üzerine bir farkındalık çalışması yapalım, aşağıdaki soruları yanıtlamanızı istiyorum. Yanıtlarken yalnız olduğunuzu unutmayın.

1. Eşinizle neden evlendiniz? Gerçek niyetlerinizi sıralayın.
2. Anneniz ve babanıza neden yardımcı oluyor ya da olmuyorsunuz? Gerçek niyetleriniz neler?
3. Şu an yaptığınız işin gerçek nedenleri neler?
4. Bir ilişkiniz varsa eğer, onunla neden birlikte olduğunuzu söyler misiniz?

5. En son yardım ettiğiniz kişiye hangi nedenlerle yardım ettiniz? Gerçek niyetleriniz neydi?
6. Dişlerinizi fırçalamanızın gerçek nedenleri neler?
7. Bu kitabı almanızın gerçek nedenlerini sıralar mısınız?

Bir de başkalarının niyetlerini kendimizce değerlendiririz, örneğin:

1. Annenizin size kızdığındaki gerçek niyeti sizce neydi?
2. Şu an işvereninizin sizinle ilgili gerçek niyeti ne?
3. Hitler'in o katliamları yapmasındaki gerçek niyeti neydi?
4. En sevdiğiniz köşe yazarının o işi yapmasındaki gerçek niyeti sizce ne?
5. Eşinizin size kırıldığı an'larda söylediklerinin altında yatan gerçek niyet nedir sizce?

Bu soruları ve yanıtları çoğaltabilirsiniz. Unutmayın, gerçek nedenler ileride yaşayacağınız sonuçları da önünüze koyacak.

Ben kötü niyetli insanların ömürleri boyunca mutlu mesut olduklarını duymadım, görmedim. Eğer ki siz etrafınızda, televizyonda veya gazetelerde kötü niyetli, ahlaksız ya da orayı burayı hortumlayan insanların mutlu olduklarını düşünüyorsanız, hele ki onların mutlu olduklarını yaşam şekillerinden, altlarındaki araba ya da verdikleri fotoğraflardan çıkarıyorsanız, yanılıyorsunuz. Gerçekten yanılıyorsunuz. Kötü niyetle edinilen rahat yaşam görüntüsünün arkasındakini size göstermezler. Size gösterilen kısım sadece görmenizi istedikleri kısımdır. Aslında, aynı sizin gibi. Sizler de ne yaşarsanız yaşayın başkalarının yanında maskelerinizle gezersiniz. Çok az insanın sizin gerçek yanlarınızı görmesine izin verirsiniz.

Niyeti iyi, samimi ve dürüst olan insanlar an'da daha çok kalabilen insanlardır, çünkü iyi niyetle yaptıkları her şeyin yarattığı duyguyu o an yaşarlar. Ve bu iyi niyetle yaptıklarını geçmişlerinden depolamazlar, yani ben dün, iki sene ya da bir hafta önce iyilik yaptım demezler, direk unuturlar. Eğer unutmamışsa, zaten samimi değildir.

Ama kötü niyetle, samimiyetsizce bir eylem yapmışsak, bunu direk geçmişe depolarız ve ara ara hatırlarız. Bu da zihnimizi yorduğundan bizi an'dan uzaklaştırır.

Size önerim, geçmişte yaptığınız önemli şeylerin, şu an yaptığınız önemli şeylerin ve gelecekte yapmayı planladığınız kararların gerçek niyetlerini yazarak çalışın. Farkındalık geliştirin, çünkü baştan bunu yaparsanız, yanlış olanlarından arınabilirsiniz. Kendinize bir fırsat verin, daha uzun an'da kalabilmek adına.

Yaşamdaki en samimi ve en iyi niyetli davranışları gerçek annelerin yaptığını biliriz. En samimi ve en içten sevginin de çocuklara ait olduğunu biliriz. Çocuklar için gelecek yoktur, onlar her yerde ve her şartta an'da yaşarlar. Oturdukları yerden 3 yıl sonrasının planlarını ya da geçen sene yaşadıklarının acısını çekmezler. Depremlerin, savaşların, kazaların çocuklarına baktığımızda, hepsi bir süre sonra oyun oynamaya devam eder. Biz yetişkinler ise, bu ve buna benzer acıları yaşar ve geleceğe de taşırız.

Yaşamının Anlamını Bul

Sadeleş

Yaratıcı her canlıyı dozunda, sade ve abartısız yaratmıştır. Doğadaki canlı cansız her şeyi gözlemlediğinizde fark edeceğiniz en önemli şey uyumdur. Bu uyumun oluşması için her canlının sade olması gerekir. Ağaçlar bir başka ağaca zarar vermeyecek sayıda yaprağa, etçiller yeşilliğin azalmayacağı kadar otçulları avlamaya, güneş farklı tonda renklerle doğmaya hedeflidir. İçlerinden bazıları hedeflerini abarttığında uyum problemi olur ve düzende bir değişiklik olur. Öyle ki insanın da yaşamın içinde giyinişi, yemesi içmesi, konuşması, duygu ve düşünceleri dengede olmalıdır. Giyinişinde abartılı olursan göze, yemende abartılı olursan kendine, konuşmanda abartılı olursan başkalarına batarsın. Neyi abartırsan bil ki, ilk zararı kendine vereceksin. Fazlalaştıkça insan özünden uzaklaşır, kendine koyduğu bu mesafe mutsuzluğa itmeye başlar.

İnsan somut ve soyut duygular arasındadır. Somut yaşamı arttırdıkça soyut yaşam azalır, soyut yaşamı arttırdıkça somut yaşam azalır. Bu ters orantı insanın çok farkında olduğu bir süreç değildir, çünkü çoğumuz somut yaşamı arttırırsak, mutlu olacağımızı zannederiz. Hayatımıza fazlaca soktuğumuz her somut şey, ilk önce dikkat dağınıklığı yaratır. Bilinçdışımızın bu kadar somut şeyin var olduğunu bilmesi, insanı daha tedirgin yapıyor. Çok fazla eşyası olanla yeterli eşyası olan arasındaki en büyük fark, sade olanın daha emin olması, fazla olanın ise hayata karşı daha tedirgin olmasıdır. Büyük şehirlerde, rezidanslarda, lüks büyük apartmanlarda yaşayan insanlara bakın, dikkat ederseniz bahçelerinde güvenlik, kapılarında görevli, en sağlam kilitler, panjurlar vb. önlemler vardır ama bu önlemleri arttırdıkça korkuları da artar. Bunun tersine mahalle, köy ve kasaba gibi küçük yerlerde yaşayan insanlar camları, kapıları açık olduğu halde hayata karşı daha güvendedirler. Ben ne abartın ne de azaltın diyorum, sadece hayatınıza denge getirin diyorum.

Meslek hayatımda yüzlerce insanla çalıştım, çalışıyorum ve bu konuda gözlemlediğim en önemli süreç şudur; bazı insanlar var, somut yaşamda o kadar abartmışlar ki, arabaya binerken kapılarını başkası açıyor, evde bir bardak sularını bile başkaları getiriyor, küçük büyük bütün işlerini başkaları yapıyor ama bir o kadar da mutsuzlar ki. Hayatlarında hiçbir şey için uğraşmıyorlar. Somut yaşamdaki abartı insanlarda üretimi azalttığı için, mutsuzluk da baş göstermeye başlıyor.

Çocukları iyi gözlemleyen herkes bilir, bir çocuğun hayatında çok fazla oyuncak, kıyafet ve eşya olduğunda, o çocukta öfke ve sinir patlaması olur. Artık soyut duygularını yönetemez hale gelir, çünkü bu kadar uyarıcı, çocuktaki yaratıcılık yeteneğini yok edecek kadar azaltır. Bu kayıp, çocukta gerginlik yaratır. Artık ona alacağınız her şeyin ömrü gün geçtikçe azalmaya başlar.

Soyut duygularımız, yani sevgi, saygı, merhamet, vicdan, hoşgörü vb. kullanıldıkça artar.

Somut duygularımız ise, ev, araba, kıyafet, para, oyuncak, eşya vb. kullanıldıkça azalır.

Her iki duygunun da ortak bir özelliği vardır, o da paylaşıldıkça artar. Yaşadığımız yüzyılda hem soyut hem de somut duygularda cimri olmaya başladık. Kendimize bu kadar şeyi neden saklıyoruz diye sormalıyız, nereye götürüp ne yapacağız onlarla. Bizde var olan her şey başkasında anlam buluyorsa, paylaşmak en büyük ilacımız olsa gerek. Her zaman veren el olmalıyız sözü buradan geliyor, en zengin insan, cesurca verebilen insandır. Ama korkuyoruz bizde kalmayacak diye, belki de böyle öğretildi bizlere: "Aman ha, sakın verme," dendi. Bilinç kodlarımızda o kadar çok endişeli, kaygılı inançlarımız var ki, bunlarla çalışmaktan başka yolumuz yok.

Soyut duygularımıza sahibiz, onların kontrolü elimizde ama somut duygularımıza, yani daha maddesel şeylere sahip değiliz, onlar bize sadece emanet. Bu emanetlerin bazen el değiştirmesine izin vermeliyiz.

Şimdi 21 günde sadeleşebilmek için bazı yöntemleri sizinle paylaşmak istiyorum. Bu yolla an'da kalabilme ihtimaliniz de artacak. Kitabın bu bölümünü okuduktan sonra, evinizde, odanızda kullanmadığınız, fazladan duran, abartılı olan maddesel şeyleri teker teker bir yerde toplayın (elbise, kutu, kalem, ayakkabı, kitap vb.). Bunları gerçekten düşünerek, içselleşerek yapın ki, samimiyetiniz artsın, çünkü ne yapıyorsak samimiyetle yapmalıyız ki, mutlu olabilelim. Yavaş yavaş, sindire sindire toparlayalım hepsini. Onlar için odamızda bir yer açalım. Sonra teker teker sıralayalım onları. Her gün birini bir başkasına verecek gibi programlayalım kendimizi. Yani 21 gün boyunca her gün bir eşyamızı birine vereceğiz. Bu verme eylemi için tanımadığımız insanları tercih etmemiz gerekiyor. Tanıdıklarımız sadece teşekkür eder ve mutlu olurlar. Ama tanımadıklarımız daha çok teşekkür eder ve daha çok mutlu olurlar. Tanımadıklarımıza yaptığımız bu iyiliğin enerjisi her zaman daha yüksektir. İnsanız, bazen tanıdıklarımıza yaptığımızda bilinçdışımız karşılık bekleyebiliyor.

Her gün birini verdikten sonra teşekkür edin içinizden, yani şükredin başkasıyla paylaşabilecek bir şeyleriniz olduğu için. Bu teşekkür hayatınızın daha da bollaşmasına ve bereketlenmesine yol açacak. Ama bu bollanma ve bereketlenmeyi beklemeyin. Sadece sadeleşmek adına, emanetlerinizi iade ettiğinizi düşünün. Sadeleşin.

Ne mi olacak? Bir kere başkalarının gönlünde yer bulacaksınız. Ağırlıklardan kurtulacaksınız, sisteme uygun bir davranış sergilediğiniz için varsa önünüzde büyük engeller, yavaş yavaş yok olacaklar. Soyut duygularınız daha çok ortaya çıkmaya başlayacak. Farkındalığınız artacak, olumlu duygularınız yeşerecek.

Gelelim sadeleşebilmek için soyut duygularla çalışmaya. Sevgi, saygı, merhamet, vicdan, hoşgörü vb. duygular başkalarından beklediğimizde gelmezler. Bizler olumlu olumsuz duygularla dünyaya geliriz. Bunların hepsi gidecek yer arar. Yani ilk önce olumlu duygularımızı kullanabileceğimiz birilerini bulmalıyız. En kötü şartlara bile sahip olsak, sevgiyi hak eden birileri bulunur elbet.

Annesi babası tarafından terk edilmiş, bakımevine bırakılmış bir çocukla çalışıyordum. Kaldığı çocuk esirgemeyi arada sırada ziyaret edip oradaki çocuklarla oyunlar oynuyorduk. Fakir, annesiz babasız bir çocuktu. 4 yaşına kadar hiç sevgiyi tatmamış, çünkü babası alkolikmiş ve her akşam annesini dövüyormuş. Annesi sevgisini gösterebilen bir kadın değilmiş. Hayata küs, acı odaklı ve zihinsel olarak da yeterli olmayan anne, çocuğunu her bakımdan ihmal ediyormuş. Bir gün evde büyük bir kavga çıkmış ve babası annesini gözünün önünde bıçaklayarak öldürmüş. Baba cezaevine, çocuk ise devlet korumasına alınmış. 4 yaşında çocuk esirgemeye gelmiş. Ben onunla tanıştığımda 7 yaşındaydı. Oraya gittiğim bazı günler sıkıntılı oluyordum. İşler yolunda olmuyordu bazen, aldığım arabanın sorunları canımı sıkıyordu. İleride ne olacak kaygılarım beynimde o kadar yer kaplıyordu ki size anlatamam. Bir gün çocukların yanındayım, bu küçük adam geldi yanıma ve bana dedi ki: "Seni seviyorum, biliyor musun?" Ben de, "Biliyorum, bende seni çok seviyorum," dedim. Onun cevabıysa bana tam bir hayat dersi oldu: "Bende daha çok sevgi var, sen her gün gelsen bitmez."

Daha 7 yaşındayım.
Ben, sizden daha şanslıyım, 4 yaşımda onlarca arkadaşla tanıştım.
Benim 10 annem var. Öğretmenim, ablam, yan binadaki büyüklerim, arada bir beni sevmeye gelen teyzelerim var.
   Onlara ANNE diyorum, çok zevkli, sizin kaç anneniz var?
Ben onlara, "Seni çok seviyorum," diyorum...
İnsanın ne kadar çok sevgisi var. 100 annem olsa yetmez.

Daha 7 yaşındayım.

4 yaşında öğrendim tuvaletimi yapmayı, elimi yıkamayı.

Hepsini 8 yaşındaki ablam öğretti. Bazen şaşırıyorum, ona da anne diyorum.

Bana, tanımadıklarınla konuşma diyorlar, güvenme diyorlar.

Biliyor musunuz, gizlice hepsine, "Seni çok seviyorum," diyorum.

Sizin de var mı tanımadıklarınız, güvenmedikleriniz?

Bir sır: "Onlara, onları sevdiğinizi söyleyin, sonra güveniyor insan, seviyor..."

Bazen ağlıyorum, bazen kavga ediyorum arkadaşlarımla.
Oyuncaklarımı alıyorlar, dışlıyorlar beni.
Hani sizi de ağlatıyor ya sevdikleriniz,
Alıyorlar ya mutluluğunuzu elinizden, kırıyorlar sizi,
Ben de aynısını yaşıyorum.

Sizi televizyonda seyrediyorum, hep gülüyorsunuz, hep ağlıyorsunuz...

Ben hep gülemiyorum, hep ağlayamıyorum,

Çünkü bazen duruyorum, iyi geliyor bazen durmak, düşünüyorum...

Söyleyeceklerimi düşünüyorum durunca, aklıma bir cümle geliyor:

"Seni seviyorummmmmmmmmmm..."

Gerçek annemi, babamı bilmeden, kızmadan seviyorum.
Beni Yaratan'a hiç sormadım neden diye!
Size de kızmıyorum gelmediğiniz için.
Ama üzüldüğünüzde, korktuğunuzda, ağladığınızda buraya gelin.
Birileriniz varken, onlarla yalnızken gelin.
Borçlarınız, alacaklarınız varken, dostunuz, düşmanınız varken gelin.
Bende istediğiniz bir şey var, adı sevgi............
Sizi seviyorum biliyor musunuz?
İşte anlatmak istediğim sadelik bu. Çok fazla bir şeyi yok ama çok şeyi varmış gibi yaşamak. Bazılarımızdan farkı, duygularını kullanmasını iyi biliyor. İnşallah ileriki yaşlarında da bu güzel duygularını verebileceği ve karşılığını alabileceği insanlarla tanışır.

ŞÜKRET, KAZAN
AFFET, KURTUL
DUYGULARINI TANI
İSTE
ELİNDEN GELENİ YAP

Yavaşla

Kimse sihirbaz değildir ve sihirbazlık gerçek değildir. Yani bir an'da hiçbir şeyi var edemeyiz. Bugün ektiğimiz tohumun yarın filizlenip yeşermesini ya da şu an sevgi gösterdiğimiz birinin hemen bizim sevgimize inanmasını beklememeliyiz.

İnsanda sabrın pek çalışmadığı yer kendi isteklerinin olduğu yerdir. Kendi hazlarımız, çıkarlarımız ve mutluluğumuz için sabretmek, bize zor gelen bir süreçtir. Ama bu durum başkalarının çıkarları, mutluluğu ve hazları içinse, onlardan sabırlı olmalarını bekleriz. Şöyle bir düşündüğümüzde gerçekten neler yaptığımızı da anlamış olacağız. Örneğin başkası acı çekerken ya da umutla beklerken, üzüntülüyken ona verdiğimiz akılları düşünelim. O aklı verirken ne kadar da mantıklı konuşup, destek oluyoruz öyle değil mi? Peki, aynı sorun bizim başımızdayken, kendimize aynı aklı verebiliyor muyuz? Zannetmiyorum ya da çok azını verebildiğimizi düşünüyorum. Her şeyden önce insanın kendi kendisine yapacağı en iyi terapi, sorun yaşadığında kendini sakinleştirebilmesidir. Düşünceler hızlandığında duygularımız da hızlanır ve karışmaya başlar. Beynimiz bu denli hızlı bir yaşamı sevmez. Dayanabilir ama sevmez.

Şu an yaşadığımız yüzyıl tam anlamıyla hızlı bir yüzyıl. Her şeyin yavaşı canımızı sıkıyor. Bir sene sabırla tohumunu ekip olgunlaşmasını bekleyen çiftçiden manavlarımıza gelen domatesleri satın alırken bile sabırsızız. Hemen benim işimi halletsin, beni hemen eve göndersin istiyoruz. Tencereye koyduğumuz malzemelerin hemen pişmesi ve hemen yenip kaldırılmasını istiyoruz, çünkü gün içinde o kadar yoğun ve hızlı çalıştık ki eve hızlı hızlı gelirken, en büyük hayalimiz bir an önce karnımızı doyurmak, koltuğa kendimizi atıp televizyon seyretmek ya da müzik dinlemek. Sabah işyerine, okula gider gitmez gözümüz saatteydi ve bir türlü geçmek bilmiyordu, oysaki o kadar hızlı çalışıyorduk ki. Kararlarımız, vazgeçişlerimiz, davranışlarımız, nefes alışverişimiz, alışverişlerimiz, yememiz içmememiz, sevgilerimiz o kadar hızlı ki... Bir an'lık kararla evlenip, bir an'lık kararla boşanıyoruz. Bir an'da birilerine güvenip bir an'da aynı kişiyi kendimize düşman ediyoruz. Etrafımda gözlemlediğim birçok insan tanışır tanışmaz birbirlerine dostum, kankam, hayatım, canım, bir tanem demeye başladı. En çabuk canım dediklerimiz, en çabuk canımızı yakanlar oldu.

Birileri bir an'da hayatınıza giriyorsa korkun derim, çünkü hayatınıza hızla girenler, muhakkak kendi çıkarları için yanaşırlar, çünkü insanların yakınlaşması için zaman yavaş yavaş ilerlemeli ki, kimle dans edeceğimizi bilelim. Bu şehir yaşamı bizi yılda bir kere tatil yapmaya ve tüm sıkıntılarımızın çaresini yaptığımız bu sade tatillerde bulmaya yöneltti. Hepimiz küçük bir kasaba ya da köy yerindeki yaşlı teyze ve amcaları gördüğümüzde imrenir ve şu cümleyi kurarız: "İnan, buradakiler bizden daha mutlu..." Hepinizin evet dediğini duyar gibiyim, çünkü gördüğümüz o kişiler çok yavaşlar, yani bize göre. Aslında olması gereken bir yavaşlık söz konusu. Hayat hızı sevmez, çünkü yaşamın işleyişinde sıralama vardır. Bu sıralamanın amacı ise farkındalıktır. Güneşle ayın bir an'da yer değiştirdiğini düşünsenize!

İnsan yaşamının hızlanması demek, yaptıklarından eminlik boyutunda faydalanamamak demek. Yaşadıklarına tam anlamıyla doyamamak demek. Her şeyi hızla yaşayıp geçmişe atmak demek. Eskiden bir evde bir problem olduğunda, ev sakinleri büyüklerin toplanması için akşamı beklerlermiş. Sorun ortaya konur ve çözüm aranırmış. Şimdilerde bir sorun olunca genelde çözmüyoruz. Bununla uğraşacak vaktimiz yok deyip geçiyoruz.

Sabrın ne olduğunu konuşurken, iki boyutlu olduğunu da konuşmak lazım.

Birincisi AKTİF SABIR'dır. Yani istediğiniz ve hedeflediğiniz şey ile ilgili elinizden geleni yapmak ve bu eylemsellik devam ederken sonuçları beklemek.

İkincisi PASİF SABIR'dır. Yani istediğiniz ve hedeflediğiniz şey ile ilgili hiçbir şey yapmadan sonuçları beklemek.

Şu An'da Düşünelim

- Her şeye rağmen, SEV.
- Her şeye rağmen ÖĞREN, bilgi mutsuzluğu yok eder.
- Her şeye rağmen GÜZEL KONUŞ, ağzından çıkanlar ileride kendinle ilgili duyacakların olacaklar.
- Her şeye rağmen SAYGILI ol, ileride sevgi bitse bile huzurla uyursun.
- Öğrendikçe dost kaybedilmez, bildiklerinizi başkalarının kıskançlıklarını artıracak şekilde paylaşmayın. İsteyen öğrensin sizden.
- Sahip olduğunu, başkasını kıskandırır şekilde yaşama. Her insanda eksiklik vardır.
- Ne yaşamış olursan ol, ders çıkar, başkaları ile paylaş. Sende bitenler, başkalarında başlamak üzeredir. İnsan insana böyle dokunur.
- Her yer karanlık gibi gözüküyor ama şimdilik. Her çaba, ışığı görmek içindir.
- Herkes %100 benim düşüncem dediği sürece iletişim gecikir. Diyalog değil monolog kurarsın.

- İnsan bedenindeki kanser hücresi gibidir bu provokatörler. Sinsidirler, akıl karıştırır, yok olur ve ummadığın bir an'da çıkarlar. DİKKAT!
- Sevginin azaldığı yerde korku artar. Korku yükselirse, güven azalır. Güven azaldıkça öfke artar. Öfke, vicdanın sesini kısar.
- Gerçek, gönlümüzün dilediği değildir.
- Acı ve ıstırap çekerek kazanılan deneyimler, zamanla mutluluğumuzun sebebi olurlar.
- Yıkın bu hapishanenin duvarlarını, vazgeçin bu yapay dünya senaryolarından, öze dönüp varoluşun hazzını yaşamak varken.
- Her insanın kendinde düzeltmesi ve geliştirmesi gerekenler farklıdır. Hepimiz ayrı ligdeyiz dostum. Akıl verirken dikkat!
- Biraz tavize ara verirsin, bak kaç kişi kalır yanında! Say say, kalanlar azdır ama gerçeklerdir.
- Her insandan kapasitesi kadar sorumluluk bekle. Beklentinden fazlası seni üzer.
- Bilgi eksiği olan kimse, bilmediği konularda korkak olur ya da zarar verici cahil cesareti gösterir.
- Bilgisiz kimse: Araştırarak bilgiye ulaşmaz, kulaktan dolma ve başkalarının inandıklarına göre inancını planlar.
- Bilgisiz kimse: Birileri nasıl istiyorsa o da öyle düşünür. Söylenenleri kabul eder, sorgulamaz, çünkü sorgularsa, cahilliği ortaya çıkar.

Zamandaki Güzelliğe Niyetlenmek

Önce bir eyleme niyetlenmeyi öğrenmeliyiz, sonra da davranışa geçirmeliyiz. Her insan iyi olmaya, an'ın mutluluğunu yaşamaya, insanlığa faydalı olmaya niyetlenmeyi öğrenebilmeli, çünkü yoğun isteme hali eninde sonunda bizi eyleme geçirecektir. Kitapta anlatılan her şeyi hayatımıza yerleştirebilmek için, buna niyetli olmamız gerekir.

İnsanda bir hareketin meydana gelebilmesi için 3 şeye ihtiyaç vardır:

1. İlim
2. İstek
3. Güç

Mesela yemeği görmeyince yemez, görse de, istemezse yemez. İstese, fakat eli iş yapamayacak şekilde felçli olsa, yine yiyemez.

Başka bir örnekle: Gelecek hedeflerimize ulaşabilmek için yöntemleri bilmeliyiz, yani ilim şart. Başlı başına yetmez, o ilmi uygulama isteğinin olması, aynı zamanda uygulayacak güçte olmamız gerekir. Hepimiz kendimize soralım, yapmak istediklerimizle ilgili üçüne de sahip miyiz?

Fakat eylem için güç şarttır. Güç ise istek ve iradeye tabidir. Gücü harekete geçiren istektir, ilim değildir. Niyet ise bu üçünden sadece istemektir. İstek insanı ayağa kaldıran ve şahlandırandır.

Tüm psikoloji, gelişim kitapları bilgi ve yöntemlerle doludur. Eğer ki insan gereken 3 şarta sahip olmazsa, kitap sadece okunur. İlim kısmı tamamlanır ama eylem olmaz. Tüm TV programlarımda, seminerlerimde sorulan soruların ortak noktası: "Aşkım Bey, biliyoruz ama yapamıyoruz. Ben de diyorum ki bu 3 şarttan hangileri sizde eksik. İlk önce onu bulalım. Size her sayfada, zamanı etkin yaşamanın önem ve yöntemlerini anlatmaya çalıştım.

Bunların hayatınıza geçebilmesi için, kendinize ihtiyacınız var. Kendi istek ve iradenizi kendinizden mahrum bırakmayın. Kendinize iyilik yapmak zorundasınız. Herkes insanın kendisini sevmesinden bahseder. İnsanın dilde sevmesi değil, niyette sevmesi gerekir. Gerçekten niyetiniz ne?

Niyetiniz hayattan memnun olmak ve hayatta faydalı olmaksa, hayat sizi kucaklayacaktır. Bunun için çok istekli ve azimli olmanız şart. Sizin çığ gibi büyüyen isteğiniz olduktan sonra, Allah'tan başka kim engel olabilir size? Eğer ki O da izin veriyorsa, eninde sonunda olacaktır.

Kendimize soralım, neden uyandım bu sabah? Neden kahvaltı yaptım? Neden işe ya da okula gittim? Neden bu kitabı okuyorum? Her sorunun yüzlerce cevabı olmalı ki, yaptığınız şey ile ilgili beyninizde yoğun bir kıvrım oluşsun. Beyniniz her zaman diliminde hedefinize uygun motivasyonu size sağlasın. Acıkmış bir aslanı hangi güç durdurabilir avlanmak için? Her canlı en çok ihtiyaç duyduğu şey için savaşır. Siz de yaşamınızda, her alanda bir savaştasınız. Savaşırken başkalarının savaşlarından etkilenmeyin, hepimize yeter zaman ve hepimize yeter var olan her şey. Sen mücadelenden olma yeter.

Eğer ki yaşam hedefi yoğun değilse, beynimiz boş kalır ve bize sürekli geçmiş ve gelecek kurgulatır. Bu da boşa geçen bir aksiyon olur. Yapabildiğimiz sadece hayallerde ve anılarda yaşamak olur. Bazı insanlar vardır, çok üzülürüm onlar için. Bir dakika boş kalmak istemezler. Sürekli bir şeyler yapma istekleri vardır. Kendi kendilerine kalınca düşüncelerinden rahatsız olacaklarını bildikleri için kaçarlar. Kaçarken de hep siyah davranışlar sergilerler. Kendilerine sürekli zarar verirler. Her şeyin aşırısına kaçarlar. Alkol, uyuşturucu, seks, yalan, dedikodu üzerine bir hayat kurarlar. Kaybolmuşlardır. Kendilerini bulmak istemezler, çünkü bulduklarından memnun olamayacaklarını bilirler. Geçmişleri hatalarla, acılarla doludur. Bu sebeple şimdiki zamanda dürtülerini kontrol etmeden yaşarlar. Aslında bir durup, kendileri ile ilgili gerçekleri fark etmeleri, utanmak yerine kabul etmeleri gerekir. Sonra kendilerini değerli görebilmeyi öğrenmelidirler. Zamanlarını fayda odaklı geçirip, kendilerine zarar verecek ortamlardan uzak kalmaları gerekmektedir. Zaman kimi için kendine varış, kimi içinse kendinden kaçıştır.

An güzeldi, kuşlar an'da öter, anneniz an'da konuşur, güneş an'da doğar, dost an'da güzel söyler, şarkılar an'da dinlenir, dua an'da edilir, an'da yüzülür, an'da spor yapılır. Zaman güzeldir.

Bu saydıklarımı geçmişten ya da gelecekten var edemezsiniz. Sadece an'dadır hepsi.

Bunlar olurken onlara odaklanmak gerekir. Yoksa annenizin konuştuğu, kuşların sesi, duanın samimiyeti uçar gider, çünkü siz bunları yaparken zihniniz başka şeylerle meşguldür. Niyet az, motivasyon eksik, irade zayıftır.

Kendinize bir sorun, en yüksek irade ve en yüksek motivasyonu nereye ve neye aktarırsınız? Bu aktardığınız şeyler mutluluğunuza hizmet eden şeyler mi, yoksa zamanınızı çalan şeyler mi?

Kalp ile An'da Kalmak

Koklama Görme

Dokunma Duyma

Tatma

Aklımızı kullanırken bilincimiz ve bilinçdışımız vardır. Kelimelerle oynayabilir, onları azaltabilir veya çoğaltabiliriz. En derin ve en yüzeysel düşünceleri üretebiliriz. Ama kalpten gelenler sürekli derinden çıkar, çünkü kalp derinliktir. Saklamaz, saklayamaz niyetini. İnsanın başına aklından geçenler yüzünden değil, kalbinden geçenler yüzünden iyilik ya da kötülük gelir. Kalp ne ile dolu ise onu geri vermek zorundadır.

Vücuttaki tüm kanı pompalıyor ve tekrar gerekli yerlere gönderiyorsa, duygularla ilgili bölümü de aynıdır. Kendisine ne gelirse toparlar ve sonra gerektiği zamanlarda pompalayarak iletişim kanallarıyla geri gönderir. Kalbimiz bir havuz gibidir, sürekli temizlenmesi, dikkat edilmesi gerekir. Havuzların dibinde oluşan yeşil, siyah renkteki kalıntılar ve çamur temiz suyun zamanla uğradığı dönüşümdür.

Kalp bir havuzdur ve beş duyu organımız ise, bu havuza su getiren derelerdir. Dışarıdan su, dere yolları ile kalbimize gelir. Görme, duyma, dokunma, tatma ve koku alma duyularımız dış dünyadaki derelerimizdir. Her biri bir iletişim kanalıdır. Bu kanallar bir algılama yaparak topladıkları her şeyi çoğu zaman denetlemeden kalp havuzuna doldurur.

Siz havuzun dibinden temiz su çıkarmak istiyorsanız, önce yapmanız gereken şey havuzun bütün suyunu boşaltmak, sonra bu derelerden gelen suların dipte bıraktığı çamuru temizlemek.

Çoğu insanın dışarıdan gelen suyu kalbe ulaşmadan arıtacak bir filtre sistemi vardır. Buna bakış açısı denir. Bakış açısı yorumlama şeklimizi belirler. Gelen mesaj ne olursa olsun havuzun suyunu siyahlaştıracak ise, filtre devreye girmelidir.

Bazı insanların sağlıklı bir filtreleme sistemi yoktur. Bu nedenle tek bir kanaldan havuza olduğu gibi alır tüm mesajları. Bu insanlar kalbin derinliğini temizlemedikleri için de dış dünyaya bu beş dereyle hep negatiflik gönderirler.

Ruh biliminin en önem verdiği konudur an'da kalmak.

An'da kalmak, yani şimdiki zamanın algılanması için ilk önce duygusal bir beceriye sahip olmalıyız. Bunun yolu kalbimiz ile buluşmak. Bir et parçası olduğunun dışında algılamaya başlarsak, duygularımızın algılanış ve aktarılış biçimleri değişecek.

Vücudumuzdaki bir yara, iltihap kapmış bir yer ya da ne olursa olsun, ilk adım olarak problemli bölgenin temizlenmesi gerekir. O bölgenin temizlenmesi işleminden sonra iyileşme aşamasına geçilir.

Kalpteki olumsuz duygular ilk önce temizlenmeli ki yeni, olumlu duyguları doldurabilelim.

Yani bir an'da iyi oldum, pozitif düşünüyorum, çok mutluyum gibi söylemler pek samimi olmayabilir.

Dışımızdaki şeylerle ne kadar çalışıyorsak içimizde de o kadar çalışmalıyız. Bir araba, ev, kıyafet vb. gibi eşyaların düzenli, temiz, kullanılabilir hale gelmesi için gösterdiğimiz ilgiyi, kalbimiz için de gösterebilmeliyiz. Kalbinizin size hizmet etmesini istiyorsanız, sizin de kalbinize hizmet etmeniz gerekir.

Dış dünya ile fazla ilgili olmaya başladığımızda, önceliği yoğun iş temposuna kapılmak, aşırı para hırsına girmek, kusursuz güzellik peşinde olmak vb. ile kalbimizden uzaklaşmaya başlarız. Bu da bizi an psikolojisinden uzak tutar.

Genelde başımıza gelen sıkıntılar, dertler hepimizi dış dünyadan uzaklaştırıp iç dünyamızla yüzleşmeye mahkûm eder. İnsan acılarda kalbine sığınır. Böyle durumlarda herkesin ağzında, "Dünya boş, mal mülk nereye kadar?" cümlesi sık tekrarlanır, çünkü hızlı yaşam temposunda acıya yer yoktur diye düşünürüz. Acı insanı durdurur, geriletir dedikleri için korkar, acıdan kaçarız.

Bazı acılar çok büyük gelir, taşınamayacak hale dönüşür, bu da insanda depresyon yaratabilir. Kabullenemediğimiz sürece yük ağırlaşır. Bazı acıların dinmesi, insanın elinde değildir. Zaten insanı depresyona sokan kontrolünde olmayan şeylerdir.

Mutluluk, Motivasyon, İnanç

MUTLULUK İÇİN

1. Her sabah güne soğuk bir bardak su ile başlayın. Vücut ısınız artarsa, stresiniz de artar.
2. Her şeyden yiyebilirsiniz ama tam doymamak şartı ile.
3. Gözünüzün su ve yeşillik görmesi şart, bu sayede doğaya uyum sağlarsınız.
4. Sevdiklerinizin isimlerini sık sık söyleyin kendinize.
5. Hiçbir şey için ben yaptım demeyin. Ben elimden geleni yaptım diyebilirsiniz.
6. Zamanınızı pozitif, sizi yücelten ve kendinizi iyi hissettiren insanlarla geçirin.
7. İnsanlarla sevecen ve yardımsever bir dille konuşun.
8. Egosu yüksek insanlardan uzak durun.
9. Sürekli sizi öven insanlardan uzak durun.
10. Egzersiz yapın. Sabahları yumuşak, akşamları ise sert sporlar yapın.
11. Neyi ya da kimleri seviyorsanız, ilgili misiniz diye bir düşünün.

12. Diyaframdan nefes almayı öğrenin.
13. Hayatınız için açık hedefler belirleyin.
14. Hayat amacınızı belirleyin.
15. En az bir hafta kimseyle konuşmadan yaşamaya çalışın. Zorunlu hallerin dışında.
16. Çaresiz hissettiğiniz zaman, başkalarından yardım almaktan çekinmeyin.
17. İnsanlarla konuşurken avuç içinizi açık tutun.
18. Sesinizin nasıl olduğu önemli değil, şarkı söyleyin ya da mırıldanın.
19. Okuduğunuz ya da seyrettiğiniz her şeye çok merak ediyorum düşüncesiyle yaklaşın ki, algınız açık olsun.
20. Gül kokusunu hayatınızın bir parçası yapın.
21. Dokunmaktan çekinmeyin. Sevdiklerinize sık sık dokunun.
22. Haftada bir gün sakin bir ortamda sessiz ve hareketsiz kalın. En az 1 dakika ile başlayın ama sakın kımıldamayın. Dakikanızı yavaş yavaş artırın. Beden sakinleştikçe zihin de sakinleşmeye başlar.
23. Bir kâğıda sıkıntılarınızı çok küçük harflerle yazın, başarılarınızı ise büyük harflerle yazın, çünkü acılarımız zihnimizde büyük büyük durmakta.
24. Mutlu olmak için bir şeye ihtiyacınız var mı yok mu bir değerlendirin.
25. Fotoğraf albümünüze bakın ve içselleşmeye çalışın.
26. Etrafınızdakilere yardım ederseniz, sizin ihtiyaç duyduğunuz şeylere de yardım gelecektir. Bir hayvana ya da bir insana muhakkak yardım edin. Yardım eden kişinin mutluluğu

artar.
27. Olumlu duygularınız kimlere akıyor isimlendirin. Olumsuz duygularınız kimlere akıyor isimlendirin. Eğer olumsuz duygular olumlu duygulardan fazla ise mutsuzluk artacaktır. Olumlu duyguların aktığı insanları arttırın.
28. Kıskandığınız insanlar varsa, kendinize açık olun ve itiraf edin. Sonra ben onun hangi özelliğini kıskanıyorum diye bir düşünün.
29. Dua edin.
30. Gazete ve haberlerdeki olumsuz haberlere bakarken, hiçbir şey %100 benim algıladığım gibi değil diye düşünmeye çalışın.
31. İnsanları değil, hangi davranışlarını sevmediğinizi bilin.
32. Kendinizi en az 7 kişiye sorun. Sizin hakkınızda ne düşündüklerini sorun. Hepsini kıyaslayın.
33. Mutluluk hormonu beyin sapı soğuduğunda oluşur. Başınızın özellikle ense kısmını serin tutun.

İNANMADAN OLMAZ

İnanç Nasıl Geliştirilir?

Beynimizin içinde daha kimsenin çözemediği, zannımca da çözemeyecekleri bazı özel durumlar var. Bu özel durumlardan biri de, beynin inandıkları ile ilgili işleyişi. Neye inandığınızla ilgilenmeyen beyin, o şeye karşı olan inancınızın yoğunluğu ile ilgileniyor. Mesela çocuğunuzun bir şeyi başaracağına sonsuz inanç geliştirirken, eşinizin size karşı daha anlayışlı olacağı konusunda inancınız oldukça zayıf olabilir. Kendinizle ilgili olumlu olumsuz yüzlerce inancınız vardır. Yediğiniz, içtiğiniz şeylerle ilgili her gün TV ekranlarından binlerce inanç ve şüphe depoluyoruz. Beyin yedikleri ile ilgili ne kadar güçlü inançlar geliştirirse, o şeyin inandığınız yere faydası daha da etkili oluyor. Yani bir şeyi inanarak yapmanızın önemi büyük.

Şüpheli olduğunuz bir konuyu savunurken, şüphe yayarsınız. Beden ile zihin arasındaki uzantı müthiş bir bağdır. Zihninizde tam olarak inanmadığınız şeyleri ses tonunuz, beden diliniz ve kelimeleriniz ile isteseniz de istemeseniz de karşı tarafa geçirirsiniz. İşte başkalarına geçirdiğiniz his ne ise, onun karşılığını alırsınız hayattan. Şarkı söyleyen bir arkadaşınız bir yerde sahne alacak ve siz, onun sesini pek beğenmiyorsunuz, insanlarla ilişkilerini de pek başarılı bulmadığınız halde ona inanıyormuş gibi davranıyorsunuz, çünkü üzülmesini istemiyorsunuz. Bir akşam sizi davet ediyor ve siz de onu dinlemeye gidiyorsunuz. Ama zihninizde başaramayacağına dair bir inanç var. Ordayken inancınız ile davranışlarınız aynı olmadığı için kesinlikle rahat olamayacaksınız. Sonuç iyi de kötü de olsa, siz arkadaşınıza ona inanıyormuş gibi davranacaksınız. Ama o kesinlikle ne hissettiğinizi bilecek. Sizi bunu söyler mi söylemez mi bilmiyorum ama gerçekten, gerçekte neye inandığınızı biliyor.

Siz inandığınızdan emin misiniz? Yani neye inandığınızı biliyor musunuz? İnsan birbiriyle çelişen inançlarla kimseyi ikna edemez.

İnancınız Güçlü Olsun

İnandığınız konu hakkında şüpheniz yoktur, ama kolay şüpheye düşebilecek konumdasınızdır. Bu durumda inancınız zayıftır. İnancınızın en güçlü olduğu noktada aksini görseniz bile, inancınızdan vazgeçemezsiniz, çünkü inancı o kadar çok tekrar ettiniz ve o kadar çok onu destekleyen tecrübe aldınız ki, o inanç tüm hücrelerinize işledi.

İnancınızın Hedefi Belli Olsun

İnandıktan sonra bu inancınızı kime anlatmak istiyorsunuz? Bu hedef kitleyi inancınızla birlikte sürekli düşünmelisiniz. Onlara vermek istediğiniz mesaj, sevgiyle tüm problemlerin hallolabileceği inancı mı? O zaman onları tüm kalbinizle sevin, sanki aynı sevginin hepsini kuşattığını ve aralarındaki tüm problemleri hallettiklerini duyun. Ama bunu yaparken, hangi kitleye hitap ettiğinizin mutlaka farkında olmalısınız.

İman Derecesinde İnanç Geliştirin:

1. İnancınızın net ve kesin olmasını sağlayın, yani neye inandığınızı tam olarak bilin.

2. İnancınızdan doğan bir fikri anlatırken, kimleri hedef seçtiğinizden duygusal olarak emin olun.

bireyde inanç geliştiren, içerden ve dışardan gelen mesajlardır.

DIŞ MESAJ → Dış dünyadan gelen telkinler, okunan kitaplar vs.

İÇ MESAJ → Bizim hissettiklerimizdir. Olumlu ya da olumsuz geliştirdiğimiz duygularımızdır. İç iletişiminiz değişmediği sürece davranışlarınız, duruşunuz değişmez, kemikleşir ve yapamaz hale gelirsiniz. İnançlar ve denemeler sonucunda oluşur ve gerçeğimiz olur. İnançlar çatışmaya başlayınca, tartışmalar artar. İnsanı en çok etkileyen iç mesajlardır. Vazgeçilmesi en zor olan inanç "iman" boyutudur.

İnançlar gerçek değil, ama neye inanırsanız o sizin gerçeğinizdir. Neyi çok düşünüyorsanız o oluyor, o, sizin inancınız oluyor.

MOTİVASYON VE İPUÇLARI

Bireysel Motivasyon

Motivasyonun, ülkemiz koşullarında akla ilk getirdiği kavram para olmasına karşın, yapılan araştırmalar göstermektedir ki, paranın motivasyona katkısı çok da yüksek değildir. Fakat motivasyonun düşmesine neden olan temel gereksinimlerden olduğu inkâr edilemez. O halde diyebiliriz ki, motivasyon paradan daha fazlasıdır. Peki, motivasyon nedir? Ne işe yarar ve özellikle bireysel motivasyon kavramı bize neyi çağrıştırmalıdır?

Bugüne kadar Maslow'u, Herzberg'i ve diğerlerini okuyarak, onaylayarak ya da ret ederek öğrendik motivasyon ile ilgili her şeyi. Bugün geldiğimiz noktada bizler, onların bize ne dediğini bir yana bırakıp, neler yapabileceğimizin farkına varmalıyız. Bir kulağımızı yine onların doğrularına açık tutalım, fakat diğer kulağımızla da kendimizi dinleyelim. Motive olmak ya da motive etmek için kendimize odaklanalım. Bazı şirketlerin gazete ilanlarına baktığımızda, kendi kendini motive edebilen bireylerden söz edilmekte. Buradan şunu görebiliyoruz ki, artık şirketler personelinin motivasyonu, demotivasyonu, saplantıları vb. ile uğraşmak istemiyorlar. Çalışanlarından verimli olmalarını ve bunu kendilerinin başarmalarını bekliyorlar. Bu beklentinin akla getirdiği bir kavram olarak duygusal zekâ karşımıza çıkıyor. Sözünü etmekte olduğumuz bireysel motivasyon kavramını, duygusal zekâdan ayırmak mümkün değildir, çünkü duygusal zekâya sahip bireylerin, dışsal bir etken olmaksızın kendi iç yeteneklerini ortaya çıkarmaları beklenebilir ve bireysel motivasyon içsel harekete geçiştir.

Sıkça duyulan diğer bir kavram olarak "empati"yle sıkça karşılaşmaktayız. Bireyin kendisini karşısındakinin yerine koyarak, onun gözüyle dünyaya bakması olarak tanımlanabilecek empatinin yerini, bence artık "özüne empati" kavramı almalıdır. Günümüz insanının en çok sıkıntı çektiği konuların başında, kendisini tanımaması ve dış çevreye karşı bir duruş ortaya koyamaması gelir. Duygusal zekâsı yüksek olmayan ve kendini (özünü) tanımayan bireylerin empati kuramayacağı gerçeğinden yola çıkıldığında, özüne empatinin önemi daha çok ortaya çıkacaktır. Kendisiyle empati kuramayan bireyler için, bireysel motivasyonun sağlanmasından söz edilemez. Buraya kadar sıraladığımız nedenlerden dolayı, birey kendindeki gücü yine kendi içinde aramalıdır. Kendi gücünün farkında olmayanlar, ya başkaları tarafından çekilmek/itilmek durumunda kalacaklar ya da olağanüstü güçlerin bir işaret vermesini bekleyeceklerdir. Halbuki, bireysel motivasyonu ve duygusal zekâsı yüksek, özüne empati kurabilen bireyler, umutsuzluğa düştüklerinde, bir noktada tıkandıklarında, engele değil, çözüme odaklanarak bunu aşabilecek gücü hissederek başkalarından bir şeyler beklemek yerine harekete geçerler. Zaten tüm engeller bu kişiler için, daha iyiye ulaşma kapısıdır. Bireysel motivasyona sahip olmak zor mu? Sadece olaylara sürekli olumsuz bakan, negatif düşünen kişiler için evet, diğerleri içinse asla. Olumlu bakmayı öğrenmek ile başlayacak her şey ve unutmayacağız ki geçmişimiz geleceğimiz değildir ve bugün geriye kalan hayatımızın ilk günüdür. Neden motivasyonumuz yüksek olsun isteriz, çünkü hepimiz başarıya ulaşmak arzusunu yüreğimizde taşırız.

O halde kendimizdeki gücü bilelim, başarabileceğimize inanalım ve odaklanalım. Eğer baştan başaramayacağımıza inanırsak, gelecek zamanda haklı olduğumuzu göreceğiz. Başaramayacağıma inanarak haklı çıkacağıma, başaracağıma inanarak haksız çıkmayı yeğlerim.

İpuçları

Motivasyon kelimesi Latince "movere", yani "hareket ettirme, hareketlendirme" kelimesinden gelmektedir. Bu kelimenin de yardımı ile diyebiliriz ki motivasyon, bireyin harekete geçmesi ve belli bir hedefe ulaşabilmesi için gerekli olan arzu ve isteğe sahip olmasıdır.

Hedefe ulaşmak üzere kendi kendimizi motive edebilmeyle ilgili birkaç ipucu sunmaya çalışacağız. Ancak ipuçlarına geçmeden önce, motivasyonun ne olduğu ile ilgili küçük hatırlatmalar yapmakta yarar görüyorum.

Bilindiği üzere motivasyon, bireyin hedefe ulaşmak için isteğe sahip olması kadar, bu isteğini sürdürebilmesidir de aynı zamanda. Halk arasında söylenen "Türk gibi başlayıp, Alman gibi bitirmek" sözü bu durumu en iyi anlatan örnek olacaktır.

Yaygın bir inanışa göre Türkler bir işe başlarken çok istekli ve heyecanlı olurlar, fakat işin yürümesi sırasında o heyecanları kalmaz ve bu nedenle projeler genellikle sonuçlanmaz. Almanların ise –ki burada Batılılar kastediliyor olabilir– işe başlarken ve işin devamındaki istek seviyeleri çok fazla değişmez. Bizim kadar istekli başlayamasalar bile, mevcut heyecanlarını koruyabiliyorlar, böylece başladıkları işi sonuçlandırabiliyorlar. Bu da onlara başarıyı getiriyor.

Yukarıdaki örnekten de anlaşılabileceği gibi, motivasyonun iki boyutu var diyebiliriz. Birincisi hedefe yönelme isteğine, heyecanına sahip olmak ve harekete geçmek, ikincisi bu hedefe yürürken aynı heyecanı, isteği muhafaza edebilmek. Bu iki boyutu iyi değerlendiren ve anlayan kişilerin sürekli motivasyon havasında olmalarında, neticesinde başarıya ulaşmalarında hiçbir engel yoktur.

Aşağıdaki bölümde hem ilk harekete geçmenizi sağlayacak hem de motivasyonunuzun sürekliliğine yönelik uygulanabilir 20 ipucu bulacaksınız. Bunlar, pratik ve sonuca yönelik tavsiyelerdir. Uygulamaya geçmediğiniz sürece, burada yayımlanmış bir yazı olmaktan öteye geçmeyecektir.

1. Hikâyenizi Yazın

Temiz bir kâğıda, bir iki paragraf olacak şekilde arzu ettiğiniz geleceğin hikâyesini, ne yapmakta olduğunuzu, nerede yaşadığınızı ve sahip olduklarınızı yazın. Bu, sizi hem şimdi hem de gelecekte motive edecektir.

2. Geleceği Gözünüzde Canlandırın

Gözlerinizi kapatın ve kendinizi gelecekte ne yaparken görmek istiyorsanız, onu yaparken canlandırın. Sağlıklı bir şekilde koşuyorsunuz, bahçenizdeki çiçeklerle ilgileniyorsunuz ya da çalışıyorsunuz. Örneğin hayaliniz küçük bir işyeri açmaksa, kendinizi açılış gününde, müşterileriniz ve çalışanlarınız ile selamlaşırken hayal edin, böylece hayallerinizi somutlaştırabilirsiniz.

3. Geçmişi Gözünüzde Canlandırın

Geçmişi canlandırdığınızda, daha önce nerede olduğunuzu ve ne kadar yol kat ettiğinizi görürsünüz. Planlı hedeflerinize ne kadar ulaştığınızı ve nerelerde hata yaptığınızı anlarsınız. Bu sizin doğru yolda ilerlemenizi sağlayacaktır. Bir şoförü düşünün, yalnızca önüne baksa ve dikiz aynasından yararlanmasa nelere maruz kalabilir. Zaman zaman geçmişe bakmak, şoförün dikiz aynasına bakmasından daha yararlıdır.

4. Büyük Düşünün

Geleceğiniz hakkında düşünürken, büyük düşünmekten korkmayın. Bu, kısa süreli başarısızlıklarınıza katlanmanızı kolaylaştıracaktır. Bir engele çarptığınızda, bu sizi durduramayacaktır, çünkü sizin gözleriniz büyük hedefe kilitlenmiş olacaktır. Uzun bir zamandan sonra sevdiğinize kavuştuğunuzu düşünün, o an'da bardaktan boşanırcasına yağan yağmur sizi rahatsız eder mi?

5. Kendinizi Eğitin
Özel hedef ya da hayaliniz ile ilgili her şeyi öğrenin, okuyun, konuşun, dinleyin ve deneyin. Eğer bir yazar olmak istiyorsanız ders alın, kitaplar okuyun, yazın, diğer yazarlar ile konuşun, *workshop*'lara katılın.

6. Düzenli Olun
Temiz, düzenli ve iyi organize edilmiş bir ev, ofis ve hayat, motive edilmiş akıl için şart. Fiziksel dağınıklık, zihinsel dağınıklığa neden olur. Hayatınızı organize edin, böylece kendinizi her gün daha da zinde hissedeceksiniz.

7. Evinizde ve Ofisinizde Motivatörlere Yer Verin
Evinizde, ofisinizde, arabanızda, cüzdanınızda, takviminizde, size hedef ve hayallerinizi hatırlatacak sembollere, işaretlere, notlara ya da objelere yer verin. Bu hatırlatıcılar, sizin motivasyonunuzun devamının garantisi olacaklar. Son model bir araba mı satın almak istiyorsunuz, o halde hayalinizdeki arabanın resimlerini odanızın duvarına asın, cüzdanınızda saklayın ve ihtiyaç duyduğunuz an, ondan yararlanın.

8. Gönüllü Çalışmalara Katılın
Gönüllü olarak başka insanlara yardım edin. Bunu yaptığı-

nızda, diğer insanları mutlu etmenin ne kadar tatmin edici bir şey olduğunu fark edeceksiniz.

9. Kendi Motivasyonunuz İle Başkalarını Motive Edin

En iyi öğrenme yöntemi, öğretmektir. Çocuklarınızın motive olmalarına, arkadaşlarınızın daha etkili hedefler belirlemelerine, eşinizin kişisel hayallerine ulaşmasına yardımcı olun. Onlara yardımcı olduğunuz zamanlarda, aslında kendinize de yardım ediyor olacaksınız.

10. Çocuklar ile Zaman Geçirin

Çocuklar ile zaman geçirmek size perspektif kazandıracaktır. İşteki ya da özel hayatınızdaki sıkıntı ya da endişeler, çocuklarınız ile oynadığınızda eriyip gider. Çocuklar her şeye basit bir açıdan bakar ve bunu öğrenmek bile bizim için kâr sayılır.

11. Badilik Sistemi Kurun

Bir şeyleri başarmak isteyen yakın bir arkadaşınız var mı? Ya da eşinizin kendi gelişimine yönelik hedefleri? Eğer varsa, onlarla badilik sistemi kurun. Birbirinizi motive edin, cesaretlendirin ve hedeflerinizde yardımcı olun.

12. Kendinize Bir Model Bulun

Kendisinden bir şeyler öğrenebileceğiniz rol model seçin. Bu kişi, sizin saygı duyduğunuz ve kendisi gibi olmak istediğiniz birisi olmalıdır. Saygı duyduğunuz bir insanı örnek aldığınızda, tekerleği yeniden icat etmeniz gerekmeyecektir. Eğer çevrenizde böyle bir kişi yoksa, ünlü bir lideri, sanatçıyı ya da biliminsanını da rol model olarak alabilirsiniz. Kendisi ve yaptıkları hakkındaki tüm bilgileri edinerek, hedeflerinize ulaşmak için kullanabilirsiniz.

13. Yürüyüş Yapın, Araba Kullanın

Şöyle bir etrafı gezin ya da bulunduğunuz semtte arabanızla dolaşarak rahatlayın, serbest zaman geçirin. Hepimizin rahatlamaya ihtiyacı var ve hızlı yürüyüşler yapmak, araba kullanmak gerçekten iyi birer çözüm. Bu şekilde yaptığınız mekân değişikliği, üzerinizdeki olumsuz havayı dağıtacaktır.

14. Başarı Hikâyelerini Okuyun

Etrafınızdaki insanların başarı hikâyelerini okuyun. Günlük gazetelerde bile size ilham verebilecek, motive edecek ve harekete geçirecek düzinelerce küçük başarı hikâyesi var. Kütüphaneler, sıradan insanların sıra dışı hikâyelerini anlatan biyografi ve otobiyografilerle dolu. Hepsi, sizi başarıya ulaştırmak için raflarda heyecanla bekliyor.

15. Müzik Dinleyin

Müzik sakinleştirir, heyecanlandırır, hüzünlendirir ve hatta motive edebilir. Mesela, koşu yaparken Rocky'nin film müziğini dinlemek, müziği motivatör olarak kullanmaya en güzel örnektir. Sizi motive edecek şarkıları belirleyin ve ihtiyacınız olduğu durumlarda onlardan yararlanın.

16. Motive Edici Filmler İzleyin

Sizi motive eden filmlerin listesini yapın ve küçük bir arşiv oluşturun. Örneğin "Forrest Gump" filmini izlemek pek çok kişiyi motive edebilir. Biliyorsunuz bu filmde, IQ'su normal insanlardan çok daha düşük bir kişi, büyük başarılara imza atıyordu.

17. Motive Edici Alıntıları Okuyun

Gerek internette, gerekse kitaplarda size ilham verecek ve motive edecek binlerce alıntı bulunuyor. İnternette dolaşın ve işinize yarayacak bilgileri toplayın. Bunlar işinize çok yaracaktır, çünkü hepimizin hayatı yorumlama şeklimiz farklıdır. Hayata farklı açılardan bakmanızı sağlayacak hikâyeler bile çok işinizi görecektir. Bu konuda http://www.motivasyon.net adresinden de yararlanabilirsiniz.

18. Sağlıklı Beslenin

Mutlu bir yaşam sürdürmek için, sağlıklı beslenmek çok önemlidir. İyi bir diyet, vücut sisteminiz için gerekli olacak tüm besin, vitamin ve mineralleri içerecektir. Fazlası zaten zararlı olacaktır. Ne demişler, "sağlam kafa, sağlam vücutta bulunur". Vücudunuz ve motivasyonunuz için sağlıklı beslenin. Sigara ve alkolden uzak durun.

19. Yeterince Uyuyun

Bazı insanlara 6 saat uyku yeterken, bazıları için 8 saat gerekli olabilir. Ne kadar ihtiyacınız varsa, yeterince uyuduğunuza emin oluncaya kadar uyuyun. Ancak 8 saatten fazla olmamasına da dikkat edin. Düzenli ve yeterli bir uykuya sahip olmanın, hem vücudunuz hem de zihniniz açısından ne kadar yararlı olduğunu göreceksiniz.

20. Sürekli Öğrenin

En önemli ders bu. Etrafınızdaki dünya hakkında sürekli öğrenmeye devam edin ve asla durmayın. Sizi ilgilendiren şeyler hakkında okuyun, dinleyin ve öğrenin. Mesela sorulan bir soruya, "bilmiyorum" demenin tadını çıkarın, sonra hemen öğrenin. Meraklı olun. Biliyorsunuz, merak ilmin hocasıdır.

Şu An'da Düşünelim

- Bu sabah neye şükrederek güne başladın? Neye teşekkür edersen, onu çoğaltırsın.
- Kötü insan kötülük yaptığında cezası sonra, ama iyi insan kötülük yaptığında cezası hemen gelir. İyiler çabuk kurtulsun diye.
- Rahatlık ve boşluk profesyonel bir hırsızdır. Aklın ise, bu hayali düşmanlar için parçalanmış hazır bir AV.
- İnsan ömrü, zannettikleri ile gerçekleri eşleştirmeyle geçer. Hayvanlar ise gerçekleri yaşar. Aradaki fark insanın düşünebilme üstünlüğüdür.
- Dünün tekrarı yapma bugünü.
- Hangi alanlarda modernleşip hangi alanlarda ilkelleştiğimizi bir düşünelim.
- Aynı yere farklı zamanlarda yolculuk yapıyoruz.
- En güzel filmler başrolde senin oynadıklarındır.
- Yarın için yapman gerekenleri bil yeter. Yarın neler olacak acaba diye düşünmekten iyidir.

- Geçmişte seni üzenler yüzünden gelecekte seni sevecekleri korkutma. Suç kimin, ceza kime?
- Acının da mutluluğun da üzerine yeni bir gün doğdu. Her şey geçip duruyor yenilen diye.
- Sen bir karar verirsin, sonra samimiyet sınavı başlar. Kararından vazgeçirmek için yapmak istediğin şeyi en büyük mutluluk gibi gösterir.
- Bazen başımıza gelenler kısa vadede iyi ya da kötüdür. Önemli olan, uzun vadede neye dönüşecekleridir.
- Bazen hak ettiğimiz için, bazen de gelecekte sahip olacağımız güzellikler için şimdiki zamanda kaybederiz.

Mücadele Ruhunu Yakala

Yeni dünya düzeninin öğretileri, insanlığı beklemeye alıştırdı: İste ve bekle, eğer seninse zaten gelir. Böyle bir inanç, kişinin mücadele ruhunu azaltırken, stresini de artırır, çünkü insan mücadele ettikçe üretir ve rahatlar. Yakın bir zaman önce çıkan secret öğretisi ve buna benzer hümanist öğretiler kişiye tanrı senin içinde, öyle bir gücün var ki, kullanmayı bilirsen her şeyi başarırsın diyorlar. Kişi kendi egosunu baş edilemez bir hale getirip hayaller dünyasına girmeye başlıyor. Gerçeği deşifre edemediği için de, sürekli dış dünyayı suçluyor. Aşırı beklenti, kişiyi hem sabırsızlaştırıyorlar hem de mutsuzlaştırıyor.

Bazı sistemlerde ise bekleme sakın, acele et, herkes pastadan pay alıyor, geç kalırsan kaybedersin diyerek insanları kendi potansiyellerini bilmeden bodoslama hayata atıyor. Stratejileri olmayanlarsa, bu yolculuktan çok hasar alıyor. Sonrasında hedefe ulaşsalar da ruhen yaralanıyorlar. Yani acelecilik hem dikkat dağınıklığına hem de istenmeyen hırsa dönüşüyor.

Hiçbir şeyi tozpembe ya da simsiyah görmemek gerek. Hayat bu iki ucu sevmez, uçlara gidenler için de nimetlerini sunmaz.

İnsan sürekli gelişen varlıktır. Duyduğu, gördüğü ve hissettikleri ile öğrenen, öğrendikleri ile de zırhlanan varlıktır. Aşırı hırs gerçekleri görmesini engeller. Tamamen kapalılık ise ümitsizliğe yol açar. Eğer hayatta sürekli birinci olmak istiyorsak, ilk önce kendimizle yarışmayı öğrenmek zorundayız. Bununla ilgili bir farkındalık çalışması yapmayı öneriyorum.

Şimdi sizin şimdiki durumunuzu analiz edeceğiz. Amacımız istediğimiz noktaya dönüşüm sağlamak. Bakın değişmek demiyorum, çünkü değişim dönüşümün içinde olan süreçtir. Ama sonuç dönüşümdür.

Hepimiz iyi bir anne baba, ideal sevgili, başarılı öğrenci vb. herhangi birine dönüşmek isteriz. Dönüşüm, hedefine uygun hale gelmektir. Sağlıklı dönüşüm için de farkındalık ve kendini tanıma gerekir. Farkındalık kısmına zaten sadeleşmek bölümünde ulaştığımızı varsayarsak, burada kendimizi tanıma kısmına gireceğiz.

İlk yapmamız gereken, ulaşmak istediğimiz hedefi düşünmek, yani ben neye dönüşmek istiyorum?

—Daha anlayışlı, sabırlı birine mi?

—Başarılı bir öğrenciye mi?

—Yazara mı?

—İdeal, ilgili bir partnere mi?

Kendimizi şimdiki ben ve hedefteki ben diye ayırmamız gerekiyor. İlk adımda, şimdiki beni inceleyeceğiz.

Şimdiki Ben

Resim Çiz

Şimdi şu an'da kimsiniz, geçin onu irdeleyin. Konuyu size bir çiçekle anlatmak istiyorum. Çiçeğin ortasındaki bölüm özümüz. Her insanda aynıdır. Kimse özünde kötü değil, iyidir, çünkü yaradılış gereği insanlar iyi doğarlar, ama daha sonra kötü ya da iyi davranışlar sergilerler.

İyi doğarız ama kötü yaşarız.
İyi doğarız ama iyi de yaşarız.
Bunlar bizim elimizde.

Çiçekteki özün etrafına bağlı yapraklar vardır. Her bir yaprak bizim bir yanımızdır.

1. Yaprak/Çevre: Şimdiki bende, yani şu an'daki çevrenizde kimler var. Yakın çevrenizle uzak çevrenizi düşünün, hatta yazarak çalışabilirsiniz. Belirlediğimiz hedefe göre yakın çevrenizdekiler size zarar mı veriyor, yoksa fayda mı? Örneğin üniversiteye hazırlanan bir gencin yakın çevresinde kariyer hedefi

olmayan, her gün sokakta boş boş gezen kişilerin olması, çalışan ve idealist arkadaşlarını ise kendisine uzak çevre yapması gibi.

Pozitif ve mutlu olmak istiyorsunuz. Bunu gerçekten hedeflediniz. Yakın ve uzak çevrenize bakın. Enerjinizi emen negatif insanlar hangi çevrenizdeler.

Amerikalı birçok uzman der ki, <u>her şey çevre ile başlar, değişir ve dönüşür.</u>

Çoğumuzun davranışları olumsuz anlamda değişmeye başlar ve günden güne sizden uzaklaşan, içe dönük, agresif birine dönüşür. Eğer evde problem yoksa, muhakkak yakın çevre problemi yaşıyordur. Önlem almayan birçok aile bir süre sonra, çocuğum uyuşturucu içen bir bağımlıya dönüştü diyebiliyor.

İyiye de kötüye de, olumluya da olumsuza da dönüşebiliriz.

Bu aynı zamanda ülkeleri ve şirketleri yönetenlerin, futbol dünyasındakilerin, psikologların, eğitimcilerin aynı zamanda kötü niyetli olanların örgüt ve kuruluşlarında kullandıkları bir yöntemdir.

Karşındaki kişinin yakın çevresindeki iyi insanları teker teker yok ederek uzaklaştırıp, kendi adımlarını o kişiye yakın çevre yapıp, bir süre sonra kişiyi parmaklarında oynatırlar. Bu bir şirketin yöneticisi, bir kanal patronu, bir aile babası, bir emniyet müdürü, bir anne, hatta herkes olabilir.

Bu nedenle <u>yakın çevrenizin, sizi hedeflerinize götürecek insanlardan oluşması gerekir.</u> Bana gelen birçok danışanımın hayatlarına baktığımda, hayalleriyle hedefleri başka, yakın çevrelerindekiler ise bambaşka.

Yanında sürekli futbol konuşan, seven, oynayan birinin

ailesi için de futbol çok önemli. Ama gencin keman çalmak, sanatçı olmak hayaline kimse destek olmuyor. Keman çalanlar, sanatçılar, hocalar bu gence tamamen uzak çevre. Kişi uzak çevresini yakınlaştıramadığı için, aşırı stres yükleniyor ya da evden kaçanların hikâyesine baktığınızda, hayalini kurdukları hayatı yaşayanlar ve o hayatı sağlayacak kişileri kendilerine yakın çevre yapma dürtüleri vardır. Evden kaçıp ailesini kendilerine uzak çevre yaparlar. Önemli olan kişinin aşırıya kaçmaması ve akıl yürütebilmesi, yani ne iyi, ne kötü, ne doğru, ne yanlış muhakeme edebilmeli. Etnik gruplar yakın çevrelerinde kendileri gibi insanları isterler, çünkü kendileri gibi düşünmeyenlerin tehlikeli olduğuna inanırlar.

Hedefiniz için hangi çevreyi yakınlaştırmak ve yakın çevrenizdekilerden hangilerini uzağa almalısınız, iyice düşünün ve yazın.

An'da Kalma Yöntemleri

Görsel anlamda, nerede ne yapıyorsanız, etrafınızdaki canlı cansız varlıklara odaklanın. Gördüğünüz şeyleri zihninizde isimlendirin. Örneğin bir kafede oturuyorsunuz ve an'a odaklanacaksınız. Masaya bakıp (şimdi masa yanımda), etraftaki insanlara bakıp (etrafımda insanlar var). Garson meyve suyunu getirdi (şimdi meyve suyunu içiyorum) vb. Gördüğünüz her şeyi içinizden isimlendirin, çünkü acı beden zihninizi kontrol ettiği için, siz şimdiki zamanda meyve suyu içerken o, on sene önce yaşadığınız kötü bir olayı gözünüzün önüne getirmiştir. Siz bu yöntemle o an gerçekten yaptığınız eylemin fotoğrafını çağırıp zihninize yapıştırıyorsunuz. Bu televizyona bakıp gerçekten seyretmek gibidir ya da erkeklerin futbol izlerken %90'nın üzerinde o an'da orada olduklarını düşünün. Gözünüzün önüne getirin.

İşitsel anlamda, o an ne ile uğraşıyorsanız ve nerede kimlerleyseniz, gerçekten seslerini duymaya çalışın.

Mesela sahilde yürüyorsunuz. Canınız sıkkın, üç gün önce tartıştığınız sevgilinizin sözleri zihninizde yankılanıyor. Artık ne denizin ne de martıların sesi kulağınıza geliyordur, çünkü acı beden zihninizi ele geçirmiştir. Sevgilinizin kırıcı sözlerini dinletiyordur size.

İşte bu an'da şimdiki zamana odaklanmak için etrafınızda çıkan sesleri duymaya çalışın, süreyi uzatın, çünkü siz odaklanınca, acı beden engel olacak, diğer sesi getirecek. Yüksek motivasyonla, sağlam zihinle duymaya çalışın o an'daki sesleri. Düşünsenize karşınızda biri konuşuyor ama siz sahte benlikte başkasını dinliyorsunuz. Ama o an gerçekte konuşan kişiye ise: "He–he," diyorsunuz. Artık şimdiki zaman yok. Siz gerçekte sohbet etmiyor, acı bedende sanal bir sohbet gerçekleştiriyorsunuz. Şu an bu kitabı elinizde tutarken, etrafınızdan gelen seslere odaklanın. Nelerin ya da kimlerin sesi geliyor odaklanalım.

Kuş sesi, annemizin söylediği bir şarkı, sokaktan gelen araba kornaları, elinizdeki kalemin çıkardığı ses, belki telefonunuz çalıyor, sesini kıstığınız TV'den ses geliyor vb.

Çok insanlar bilirim, sahilde martıların seslerini duymazlar, çok insanlar bilirim sevdiklerinin yanında sevdiklerinin söylediklerini duymazlar. Çok insanlar bilirim, dostlarının yanında sadece kendiyle sohbet ederler. Doğru bir müzik dinleyicisiyseniz bunun tadına varabilirsiniz. Dinlediğiniz şarkıya gerçekten odaklandığınızda, sizi şimdiye kilitliyor. Siz o an için şarkıyla bütünleşip geçmiş ve gelecekten kurtuluyorsunuz. Zihnimiz o an, o şarkıya özel klip çekmeye başlıyor. Etkili iletişimin bile ilk şartıdır, etkin dinlemek. Dinlemeyen anlamaz, anlamayan ise yorumlayamaz. Çoğu ilişkide birbirini dinlemeyen insanların birbirlerine yaptıkları yorumlara tanık olursunuz.

Dokunsal anlamda, kinestetik, yani dokunsal boyutta o an'da mısın? Bulunduğun ortamın kokusu, oturduğun ya da uzandığın yerin vücuduna verdiği hissi hissediyor musun? Yoksa kuştüyü yastıklara başını koyup, rahat yataklarda uzanıp vücuduna acılar mı çektiriyorsun? Bedenin en yumuşak yataktayken acı bedenin dikenli tellerin üstüne mi uzandı? Başının altına kuştüyünden yastığı koyup, sahte benliğinde tahtalara mı dönüştürdün? Sevdiğinin yaptığı güzel yemeğin kokusunu ona olan kızgınlığın yüzünden mide bulandıran bir kokuya mı dönüştürdün?

Beden ile zihin arasında bir uzantı vardır. Zihin ne hissederse bedene, beden ne hissederse zihne yansıtır. Bir arkadaşınızın kolunu, kapı kenarına hızlıca vurduğunu gördünüz. O acı çektiği an'da siz de zihinsel kaydınız sayesinde eşleşip acının bir kısmını hissettiniz. Elinizi, refleks olarak arkadaşınız hangi kolunu çarptıysa, siz de o kolunuzun üstüne koydunuz. Zihin o kazayı içselleştirdi ve bedene yöneltti.

An'da kalmak demek hem görsel, hem işitsel hem de dokunsal an'da olmak demektir. Biri bile eksik olmamalı. Bunu en iyi yapan çocuklardır. Onları gözlemlediğimizde gerçeği göreceğiz. Oyun oynarken, yaramazlık yaparken, ağlarken bile ordalar. Dünden ya da gelecekten dolayı değil, o an'da yaşadıklarından dolayı öyleler.

Büyürken engellemeler, acı deneyimler, ders çıkarma, tedbir alma, korkutulma derken bilinçdışını doldurup an'dan uzaklaşmaya başlıyoruz. Gençlik ve yetişkinlik hayatımızda en etkili an'da kaldığımız süreçlerin başında gerçek sevgi ve aşk gelir. İnsan samimiyetle sevdiklerinin yanında, o an'dadır.

Sevdiğiniz işlerde çalışıyorsanız, zamanın nasıl geçtiğini anlamazsınız. Biri size, "Zaman geçmiyor, sıkıntıdan patlıyorum işyerinde," diyorsa, o gerçekten orda çalışmıyordur, yani en samimi, en içten haliyle orda değil. Beden işte ama zihin sık sık başka zamanlarda olduğundan dolup taşmalar yaşıyor. Size en iyi gelecek an'da kalma yöntemlerini sıralamak isterim.

Lunapark oyuncaklarına bindiğinizde, beyninizin an'da kalan kısmı çalışmaya başlar. Kimse gondola binip, "Geçmişte şu acıları yaşadım," diye dertlenmez. O an'ın verdiği hisleri yaşar.

Bir diğeri yüzmek, dalış yapmak. Yüzmenin beden sağlığına faydası tartışılmaz, ama zihin sağlığına faydasıysa inanılmaz. Özellikle denizin altında geçmiş ve gelecek olmaz. Bunu denemek için sık sık Bodrum'da daldım. Suyun altında sadece o an var. Aklına gelecek ve geçmiş adına hiçbir uyarıcı gelmiyor.

Çocuklarla oynamak. Yerde oyuncakları ile oynayan çocukları biri iki dakika gözlemleyiniz. Sonra yavaş yavaş oyunlarının içine girin ve bir karakter olun. Zaten o sizi samimi görürse, hemen oyunun içine alacaktır. Oynadığınız karakterle bütünleştikçe an'da kalacaksınız.

Herhalde Allah bu yönümüzü çok iyi bildiği için, bizim an'da kalmamızı istemiş. Bizler insan olarak geçmiş ve gelecek hapishanelerinde mahkûm olmaktan bıkmıyoruz. Bir düşünceyle kızıp hemen kendimizi cezalandırıyoruz. Oysaki nedir bu mükemmeliyetçilik arayışı. Ne yaşamış olursan ol, o an yaşadığını kaçırma. Geçmişteki bir hata yüzünden, şimdiki zamanda kendini cezalandırma. Geçmişten sadece ders çıkarılır. Bir bedeli varsa ödenir. Ama kişi orda takılıp kaldıysa gönüllü mahkûmdur.

Allah mükemmeldir ama mükemmeliyetçi değildir. Kimse dört dörtlük insan aramasın, böyle bir hayat da istemesin. Kimse de kendini mükemmel sanmasın.

İşte bu nedenle, dinimizin ibadetlerine bakıldığında hepsi an'da kalmayı sağlayan süreçlere sahip.

Namaz kılmak, her şeye ara ver diyor. İçinde dışında olan her şeye ara ver diyor. Bırak gördüklerini, duyduklarını, bırak acı bedenin sana dayattıklarını diyor. Belli vakitler gel, buluş benimle diyor Allah.

Adım adım incelenirse, insanoğlunun hızlı boyut değiştiremeyeceği biliniyor. Yavaş yavaş abdest alınarak psikolojik hazırlık sağlanıyor. Yön belirlenip yer ayarlanıyor, kişinin motivasyonu arttırılıyor. Sabit dur, bedeni oynatma derken bedenle zihin arasındaki uzantıya gönderme yapılıyor. Beden hareketlenirse zihin de hareketlenecek. Bir noktaya bak deniyor. Göz sağa dönse geleceği, sola dönse geçmişi kurgular. Tek bir yere bak, orada kal deniyor.

İster villada, ister bahçede, ister bir ağacın gölgesinde, ister camide, ister yolda her yerde yapabilirsin deniyor. Seni an'da bu yolculuğa çıkarıyor, yaratıcının huzurunda gerçekten orda ol isteniyor ve sonra sen iste deniyor. Birçok yolla kârdasın aslında. Hem ilahi gücün huzurunda güven ihtiyacın karşılanıyor, hem an'da kalıp korku ve kaygılarından kurtuluyorsun hem de ibadetini yapmış oluyorsun.

Bahçeyle ilgilenmek, toprak işleri an'da kalmak için çok etkilidir. Hayatın zorluklarına göğüs germeye çalışmış, yorulmuş insanlara bakın, yaşları ilerledikçe toprakla ilişkileri artar. Kafalarını dağıttıkları en iyi yöntemlerden biridir çünkü.

En azından bir şeyle uğraşıyorlar. Hem sabrı geliştiriyor, ekip bekliyorsun, gün gün izliyorsun, hem yaşama sevincin artıyor, hem de ektiklerin yeşerdikçe canlanma hissin artıyor. Toprak elektriğini alıyor, sakinleşiyorsun ve artık an'dasın.

Bilgisizler Zamanı Yönetemez, Çünkü Zamandan Korkarlar

Öyle güzel bir ülkenin, öyle zamanlarına geldik ki, birçok insanın sadece üst başlık okuduğu, google'dan öğrendiği sözlerle edebiyat yaptığı, öğrenmeyi zaman kaybı görüp duyduklarını gerçek sandığı zamandayız. Hepimizin her konuda bir bildiği var. Herkes bildiğini düşünüyor. Bir şeyi yarım, eksik bilmek hayatta da eksik yaşamayı getirir. Eğitimden uzaklaşmış, bilgiden korkan bir nesil, sorgulamayı bırakmaya başladı. Kafede, sokakta konuşulanları gerçek zannedip efelik taslamaya başladılar. Gerçekler, zanların arasında kayboldu artık. Hiç dikkat ettiniz mi bilmiyorum yurtiçi ve yurtdışı çalışmalarımda, gezilerimde özellikle genç nesli gözlemliyorum. Birçoğunda şunu gözlemledim. Hayata karşı korkak, kendilerine karşı cesurlar, yani her şeyin en iyisini bildiklerini, en iyisini yapabileceklerini düşünüp başlarına bir sorun geldiğinde ne yapacaklarını bilmiyorlar. Bu kitabı hazırlarken son bir yılda yaptığım özel koçluk çalışmalarımdan faydalandım. Genç işadamları ve adaylarına hayata karşı kariyer danışmanlığı yapıyorum. Zamanı nasıl kullandıkları ve algıladıkları benim için çok önemli, çünkü neye sahip olurlarsa olsunlar, zamanı faydalı kullanamadıktan sonra her şey eksik ve başarısız kalıyor.

Zamanı etkin kullanamadıkları için bilgiye de etkin ulaşamıyorlar. Boş zamanlarını çoğaltıp, o zaman içinde gerçek bilgiden uzaklaşıp zanlara sahip oluyorlar. Bir toplumu bilgiden ne kadar uzak tutarsan o kadar zarar verirsin, çünkü toplum kendi gerçeklerini yaratıp çatışmaya başlar. Buluşma değil, boğuşma başlatırsın. Bilgisi olmayan nesil korkak olur. Bilmediği şeye karşı direnç gösterir ve egosunu ezeceğini düşündüğü için de cahilce cesaret gösterir. Kırar, döker, patavatsızlığa başlar. İnandığı herkesin düşüncelerini gerçek sanır ve savunmaya geçer. Araştırmadan, okumadan üst başlıklar oluşturur. Güçlü başlıklara, güçlü savunmalar ekler ve savaşır. Bilgisizlik körlük getirir. Çıkarına uymayan her şey saçma olmaya başlar. Bilgiye sahip, araştırıp okuyanların göstermediği cesareti gösterirler. Öyle coşkulu anlatırlar ki, dinleyenleri de etkilerler. Gerçekler örtülür ve zanlar aktarılır.

Sonuç, insanlar bilmediği konularda abartıya kaçarlar. Birçok şey bu hale gelmedi mi? Dini, siyasi, sosyal konuları ne hale getirdik. Her konuda ayrışıp aşırılaştık. 100 tespihe cennetten bahçe satanların, çıkarı için millete vekillik yapan, sevdiğini kaçırıp namus algısı yaratan başarıyı başkasının başarısızlığında arayan, kulağını, gözünü kapattıran insanların çoğaldığı bir dönemde bilgisiz kaldık. Bilgisiz ve ilgisiz. İlgilendiğimiz tek şey hazlarımız. Bildiğimiz tek şeyse bizi hazza götürecek yollar.

İçimiz boşaldı, dışımızı süslemekten; dışımız zenginleşti, iç fakirliğimizden.

Allah'ı korkuyla tanıdık, sevgiyle buluşma yolu tekken. Vatandan kaygılıyız, güvenle yaşamak gerçekken. Aşkı put ettik, tapıyoruz, onu hizmetkâr yapacakken. Komşusuz kaldık, yabancılaştık; bir selamla hatır soracakken. Acılarla evlenip onu karıkoca ettik kendimize. Nikâhla değil, samimiyetle sevecekken. Bugün ne giysem, kiminle evlensemlerle doğduk, dert ettik kendimize. Bugün ne düşünsem, nasıl yaşasam diye soracakken. TV ekranlarında hayat arar olduk. Ekran arkasındakileri seyirci yaptık kendimize. İşe yarayanı izleyip diğerlerini kapatmak varken.

Çok zulüm ettik kendimize. Sonrasında zamanı kaybettik. Kaybolduk. An'dan uzaklaşıp esir olduk geçmişe, geleceğe. Yönetemedikçe zamanı, bilgiden mahrum kaldık. Şimdi çoğumuz eskinin öğrettiği ya da geleceğin öngörüleri arasında kalıp şimdiki gerçeklere yabancılaştık. İstediğimiz her şeyin başına "en"leri koyduk. Artık ne çıkarsa karşımıza yetmeyecekmiş gibi algılıyoruz.

En güzel kadın.
En yakışıklı erkek.
En paralı iş.
En kaliteli mekân.
En pahalı ev.
En sadık dost.
En güzel elbise.
En farklı yemek.

Zaman bu şekilde yönetilemez. Allah ne gönderirse, yetinmez halde koşturuyoruz oradan oraya; gönülden gönüle, evden eve, elbiseden elbiseye, işten işe, insandan insana... Nereye koşuyoruz, yok bunun enleri.

Durmayı bilmek gerek. Durup seyretmek gerek. Ne gelmiş an'da başıma. Kulağım ne dinliyor, gözüm ne görüyor an'da. Ellerim neye dokunuyor hissetmek gerek.

Bu nedenle reddedip, şimdiki zamanda yaşanılanları, daha iyisini bulma ümidiyle gelen her şeyi hatırlanması zor geçmişe hapsediyoruz. Duralım artık. Şu an kim ne söylüyor bize? Şu an kim ne yapıyor bize? Şu an mücadele edip ne kazandık? Şu an sokaklarda, caddelerde ne görüyoruz?

Belki beklediğimiz en güzel şeyler değil ama gelen ne? Fark edelim. Eşimizden en beklenen cümleyi alamadık ama yine de bir şeyler söylüyor şu an.

Dışarıda en güzel havaya tanık olamadık ama yine gökyüzü bir şeyler fotoğraflıyor bize.

İstediğimiz iş olmadı, en iyi para geçmedi elimize belki ama bir şeyler geldi yine de az çok.

Tam istediğimiz an olmadı. Olmaması da olan bir şeydir. Olmayan şeye odaklan, neden mi?

Sen istesen de istemesen de an'da algılanan şey büyük zenginliktir. İşte an'ın getirdiği bilgiye sahip çıkmak gerek. Bilgileri geçmiş ve gelecekle karşılama, an ile karşıla.

Araştırmak, okumak gerek. Yeni nesle öğretmemiz gereken de bu. Bilgiye şimdiki zamanda nasıl ulaşırlar.

Günlük planlarını nasıl yapacaklar?

Zamanı etkin nasıl kullanacaklar?

Neslin en büyük mutsuzluk nedeni ise, ne zaman ne yapacaklarını bilmemeleri.

Hem aile hem devlet bunun için çalışma yapmalı. Yoksa dürtülerin getirdiği haz arzusu için, tüm zamanlarını harcayacaklar. Bu yüzden kalan en az ve en verimsiz zamanlarında ise gerçekleri arayacak, okula veya işe gidecek ve sevdikleriyle olacaklar. Motivasyonsuz bir şekilde etkin olamayacaklar.

Bu şekilde yaşayan birine ne öğretirsen öğret algılamakta zorlanacaktır. Anlayamadığı için de sana öfkelenecek. Hazlar ve dürtüler eyleme dönüşünce değil, onlarla baş etmeyi öğrenince mutlu olur, mutlu yaşarız.

Zaman Yönetimi

Eğer yaşıyorsak hâlâ zamanımız var demektir, çünkü yaşam zaman akışında var olur. Dakikalar, saniyeler, saliseler evrenin var oluşundan bu yana hiç değişmeden aynı ritimle akıp gitmektedir. Hayat, bu ritmi duyabilen ve ona eşlik edebilme becerisine sahip olanlarla anlamlı hale gelir. Her dakika her saat yapılabilecek birçok şey vardır. Zaman evrenin ritmidir. Her şey olması gerektiği gibi doğal bir biçimde akıp gider. Gün doğumundan günbatımına kadar tüm evren görevini yerine getirir, sıkılmadan bunalmadan. Yağmur yağar örneğin, otlar yeşerir, hayvanlar beslenip süt verebilsinler diye. Güneş doğar meyveler kızarır, çiçekler açar arılar bal yapar ya da ağaçlar yaprak döker tekrar yenilenebilsin diye. Her şey olması gerektiği gibi vakti gelince olur. Hepsinin sırası bellidir. Güneş görmeyen meyve olgunlaşmaya uğraşmaz, çünkü bilir ki olgunlaşamaz.

İnsanoğlu tam da bu noktada bocalamaya başlar, çünkü insanın baş edemediği tek şey, zamandır. Sabit bir hıza sahip olan ve tüm bireylere eşit olarak verilmiş bir değerdir. Zamanı değişken bir olgu gibi algılamamıza neden olansa, bizlerin yaklaşımlarıdır. Hayatın ritmine ayak uyduramadığı sürece ya geride kalır ya da hemen ileride olmak ister insan. Hayatın tadını çıkararak an'ı yaşayamadığı gibi kendini zora sokup yaşam kalitesinin düşmesine sebep olur.

Demek ki, yaşam kalitesini artırmanın en önemli yolu, zamanı iyi yönetebilmekten geçiyor. Eğer zaman demek hayat demekse, insanın da geleceğini, yaşamını, başarıya giden yolunu zamanı kullanma şekli belirliyor. Zamanı yönetmede başarılı olanlar, hayatını da istediği gibi yönetebilir, çünkü asıl olan, *Time* dergisi yöneticisi Pearson'ın da ifade ettiği gibi, zaman yönetiminin kavramsal anlamına bakarsak, var olan zamanı yönetmekten öte, kendimizi var olan zamana göre yönetebilmektir. Öyleyse, öncelikli değerlendirmemiz gereken nokta, zamanı nasıl algıladığımız ve zamana karşı olan yaklaşım şeklimizdir. Burada da etkili şekilde an'ı yaşayabiliyor olmamız büyük önem taşımaktadır.

Öyleyse zamanı etkili yönetebilmek ve hayatımızın her alanında başarılı olabilmek için, işe nereden başlamamız gerektiğini belirleyebilmemiz gerekir. yani ilk olarak öncelik sıralaması yapabilmemiz gerekir.

Hedefe giden yolda atmamız gereken ilk adıma karar verdikten sonra, bunu alışkanlık haline getirmeli ve sonrasında da doğal hale getirmeliyiz.

Peki, önceliklerimizi neye göre belirlememiz gerekir?

Burada önemli olan, yapılması gerekenleri acil ve önemli çerçevesinde dört farklı yaklaşımı göz önünde bulundurarak ayırt edebilmektir:

Önemli ve Acil:

Zaman baskısı olan işlerdir. Hedefe ya da amaca katkıda bulunmayabilir. Yapılmalıdır, özellikle de yaşamın etkili olarak sürdürülmesi için şimdi yapılmalıdır. Buna yemek, tuvalet, bozulmuş ve fışkırmakta olan musluğun tamir edilmesi, onayladığınız programlanmış işlerin bitirilmesi vb. örnek olarak verilebilir.

Önemli Ama Acil Değil:

Bu alan uzun vadeli planlamanın ortaya çıktığı alandır. Kişisel gelişim, insanlar arası ilişki kurma, hobiler, geliştirici projeler vb. Bu etkinlikleri yapmadan da günler geçebilir. Aileyi bir araya getirme, yeni bir beceri geliştirme, arkadaşlarla iletişim kurma gibi birçok etkinliği önemli alanında öncelikli hale getirmeden de yaşam akıp gidebilir. Bu durumda kendimizi bir şeylerden eksik kalmış ve tatminsiz hissedebiliriz.

Önemli Değil Ama Acil:

Bazı etkinlikler, örneğin iş ya da ev rutinleri veya yaşamı sıklıkla kesintiye uğratan aktiviteler (telefonlara cevap verme, işyerini organize etme, acil görünen ama önemli olmayan e-postalar). Bunlar bizi gerçekten önemli olandan çok kolay uzaklaştırabilir.

Acil ve Önemli Değil:

Bunlar tam anlamıyla zaman kaybettiricidirler. Örneğin televizyon, telefonda konuşma, alışveriş, dedikodu, yan gelip yatmak. Gün boyunca acil işlere dikkatimizi vermekten kendimizi yorgun hissettiğimizde, bu tip rahatlatıcı etkinliklere ihtiyaç duyabiliriz.

Gördüğümüz gibi önem ve aciliyet çok farklı şeylerdir. Çoğumuzun düştüğü en büyük yanılgı da işte bu noktadadır. Aciliyetler içinde didinirken, asıl önemli olanın hakkını veremeden ziyan edip başarıdan uzaklaşmak ve mutsuzluğa davetiye çıkararak boşa enerji harcamak, akıntıya karşı bilinçsizce kürek çekmeye benzer. Oysaki bu anlamda farkındalık geliştirip çoğu başarıya imza atmak hiç de zor değildir.

Örnek Bir Başarı Öyküsü

Oleg Rus bir işadamı. Onun bir koçluk öğrencisiyken yaşadıkları, önemli ve acil arasındaki ayrımı kullanarak etkili stratejiler oluşturmaya iyi bir örnek. Oleg halen Moskova'da profesyonel bir grupta çalışmakta. 1998'de Rusya'da yaşanan ekonomik kriz sırasında etrafındakilere, önem taşıyan işler ile acil olan işlerin ayrımı konusunda yardımcı olabilme kabiliyeti sayesinde, güçlü bir kurumsal koç oldu.

Oleg iş yaşamındaki ağır ekonomik kriz ortamında nasıl ayakta kalabileceğini düşünürken, bunun bir aciliyet olduğunun, ne kadar uğraşırsa uğraşsın bu ortamda işin ayakta kalabilmesinin pek de olası olmadığının farkına varır. Bu aciliyete odaklanmak yerine, kendine şu soruyu sorar: "Burada gerçekten önemli olan şey nedir?"

Şayet Moskova iş hayatının genel durumunu güçlendirmek için çalışırsa, kendi muhasebe şirketinin de ayakta kalabilmesi için gereken olanakları güçlendirmiş olacağını fark eder. Bakış açısını değiştirerek Moskova iş çevrelerinin ilgisini çeken ve onları da içine alan yaratıcı bir plan oluşturur. Oluşturduğu plan sayesinde önce iş çevresinin bir grup oluşturmasını sağlar. Bu grubun satın alma gücünü kullanarak rublenin değerini tekrar dengelemeyi başarırlar ve Oleg böylece ekonominin istikrar kazanması konusunda bazı yaratıcı metotlara öncülük etmiş olur. Bu fikir Rus hükümeti tarafından kısa zamanda fark edilir ve onlar da konuya dahil olurlar. Oleg daha sonra adil vergi kanunlarını teşvik ederek piyasanın ayakta kalabilmesi konusunda bir model oluşturur. Toplumsal gelişime katkısı konusunda dâhiyane stratejiler ortaya koyduğundan, kendi muhasebe şirketi de pek çok yatırımcı için cazip hale gelir.

Oleg çalışmaları sayesinde, acil olmadığı halde önemli olan konulara odaklanarak ve bu stratejilerin pek çok değişik işe hizmet etme gücünü göstererek iş çevresinde saygı gören bir lider oldu. Bu süreçte de kendi işini, zorla ayakta duran bir iş olmaktan çıkartıp saygın bir iş olma noktasına taşıdı.

Zamanın içinde yok olmadan mutluluğa doğru attığımız her adımın etkili ve anlamlı olması gerekir, çünkü bazen ufak bir mola niyetiyle uğradığımız acil ve önemli olmayan zaman kaybettiricilerin arasında kaybolup gitmemek, yaşamımızı kontrollü devam ettirebilmek için kendimize bazı sorular sormamız gerekir. Zihinlerimiz kendimize sorduğumuz sorular ve bu sorulara alınan yanıtlar neticesinde değerlendirme yapıp harekete geçmemizi sağlar.

Yapmamız gereken, öncelikle hangi alanlarda daha çok zaman geçirdiğimizi belirleyip, olması gerekene doğru yönelmektir.

- Hangi alanda daha çok vakit harcıyorum? Daha fazla zaman ayırmak istediğim alan hangisi?
- Zamanı en çok nereye, en az nereye harcıyorum?
- Yaşamımda zaman kaybettirici şeyler var mı?
- Zaman yaratabileceğim şeyler var mı? (Örneğin sabah erken kalkmak, okumak, egzersiz yapmak, bir sonraki toplantıya giderken egzersiz amaçlı merdivenleri kullanmak vb.)
- Günün hangi saatlerinde üretken oluyorum? Üretkenliğimin en az olduğu saatler günün hangi bölümünde ve neden?
- Zamanımı ne ya da kim kontrol ediyor? Bu kontrolü tekrar nasıl kazanabilirim?
- Gün içinde günümü kesintiye uğratan ne ya da kim? Bunu nasıl kontrol altına alabilir ya da etkisiz hale getirebilirim?
- Gün içinde zamanı kullanmaya ilişkin ne tür kalıplara sahibim? Bunlar yararlı mı? Zamanı kullanma kalıplarımı değiştirmeli miyim?
- Benim için önemli ve derin bir değeri olmayan şeyleri programımdan çıkarmak için ne yapabilirim?
- İşi başkalarına devretmek ya da paylaşmak için ne yapabilirim?

Bu ve benzeri soruları kendimize sorup cevaplamaya çalışmamız gerekir. Bu çalışma, gerçekte şimdiye kadar ne kadar çok zamanımızı boşuna harcadığımızı ve bundan sonrası için önceliklerimizi belirlemeye ve uygulamaya koyma açısından ne kadar önemli olduğu konusunda ciddi bir fayda sağlayacaktır.

Şimdi **zaman yönetimiyle ilgili örnek bir egzersiz** yapalım:

1. **Bir zaman bütçesi hazırlayın:** 1 hafta boyunca zamanı nasıl kullandığımızın hesabını tutalım. Hatta bir *zaman yönetimi günlük formu* kullanalım ve 1 hafta için boşlukları genel çerçevede doldurmaya çalışalım. Bu form kişisel zaman bütçemizi hazırlamamıza temel oluşturacaktır. En iyi sonuca ulaşmak için, bu formu yanımızda taşıyalım.

2. **Zaman formunu gözden geçirin:** Kendimize, "Zamanı nasıl kullanıyorum?" sorusunu soralım ve durumu analiz etmeye çalışalım. Bunu yaparken zamanı kullanmamıza ilişkin olumlu ve olumsuz değerlendirmeler yapmaya çalışalım. Zaman formuna bakarak küçük de olsa ekstra zaman yaratabilecek alanlar bulabileceğimiz davranış kalıplarını fark etmeye çalışalım.

3. **Hedefleri ve öncelikleri gözden geçirelim:** Kendimize kişisel ya da iş yaşamımızla ilgili hayal ve hedeflerimiz doğrultusunda zamanı nasıl geçirmek istediğimizi soralım. Bu sürecin başlangıcında, şimdi ulaşabileceğimiz kısa vadeli hedefleri düşünmeliyiz; bunu yaparken bir yandan da uzun vadeli hedeflerimizi de düşünmeliyiz.

Örneğin kariyer yapmak istiyoruz. Bu uzun vadeli hedef, kısa vadeli amaçlar içerebilir (bu iş için gereken bazı becerileri öğrenmek, istenilen kariyer pozisyonuna ulaşmak için gerekli kişilerle uygun iletişimleri kurmak vb.)

Bir hedef tablosu kullanarak kısa süreli hedeflerimizi yazalım. Bu hedefleri kişisel öneme göre sıralayalım. Önemli hedefleri **A**, daha az önemli hedefleri **B** olarak iki gruba ayıralım. **A** hedeflerini de önem sırasına göre **A1** ve **A2** olarak isimlendirelim. Yalnız, **A** kategorisindeki hedeflerin **B**'den daha az olmasına ve toplamda 5-6 hedefi geçmemesine dikkat edelim.

4. **İdeal bir zaman çizgisi hazırlayın:** Bir önceki adımda belirlediğimiz hedeflere ulaşmamızı sağlayacak bir zaman çizelgesi hazırlayalım (hâlâ kullanmakta olduğumuz zaman tablosunu referans almadan).

ÖRN.

Bugün   1 ay sonra vb.

⊢─────────────────▶

Bu adım bizlere, eğer önemli şeylere zaman ayırırsak, ideal bir zaman bütçesi nasıl görünür onu gösterecektir.

5. **İdeal zaman çizelgesini şu an'da kullandığınız zaman planı ile karşılaştırın:** İki zaman planı arasındaki boşlukları, uymayan alanları ve çakışan alanları fark etmeye çalışalım. Böylelikle şimdi var olan ve olmasını istediğimiz zaman planları arasındaki farkları ortaya çıkarmış oluruz. Şu soru üzerinde düşünmeye çalışalım: "Farkların ortaya çıkmasındaki nedenler neler?"

6. **Kişisel bir zaman yönetimi planı geliştirin:** Gerçekçi ve üzerinde çalışılabilir bir plan oluşturabilmek için, var olan zaman bütçesi ve ideal zaman çizelgesini birleştirelim. Yeni bir zaman planı yapmaya çalışalım.

7. **Programı uygulayın:** Yeni zaman planını iki hafta boyunca test edelim ve gerekirse yenileyelim. Aynı zamanda yeniden bir zaman bütçesi tablosu tutalım. Eğer zaman yönetiminde farklılıklar ortaya çıkarsa, o zaman eski alışkanlıklarımızdan vazgeçeceğiz demektir.

8. **Öncelikli hale getirin:** Zaman yönetiminin anahtarı yapılacak işleri öncelikli hale getirmektir. Bunu yapmanın yolla-

rından biri de gruplama yapmaktır. Grup başlıkları arasında "tırı-vırı işler", "rutin", "şimdi yapılmalı", "yapılmalı", "arzu edilenler", "bekleyebilirler" vb. sayılabilir.

9. **Zaman hırsızlarını dışarıda tutun:** Bunlar fazladan yapılan toplantılar, ziyaretçiler, raporlar, telefon konuşmaları vb. durumlardır. Kendimize, "Bu etkinlikler kesinlikle gerekli mi yoksa bekleyebilir mi?" sorusunu soralım. Eğer bekleyebiliyorsa, beklemelidir. Öncelikli olarak kendimize zaman ayırmamız ve bu zamanı iyi korumamız gerektiğini unutmamalıyız.

Sahip olduğumuz zamanı en iyi şekilde kullanmak ve bu alanda kendimizi yönetebilmek, zamanı nasıl kullandığımızın farkına varmamızla başlar. Ayrıca zamanı algılayış şeklimiz de zaman yönetimi konusunda oldukça etkili bir faktördür. Her insanın dakikalara verdiği anlam, içinde bulunduğu duruma göre farklılık gösterir. Acı ya da stres yaşanıyorsa, saniyeler geçmek bilmezken, bir haftalık keyifli bir tatil 1 saat gibi gelebilir bazen. Zaman ruh halimize göre değişkenlik gösterir. Aslında burada değişen zaman değil, bizlerin duygusal yaklaşımlarıdır. Zaman soyut bir değerdir, bu nedenle var olan insan sayısı kadar zaman algısı vardır.

Kimi **geçmiş zamanı** odak noktası yaparken, kimi çoğu zaman **gelecek**te yaşar, kimi de **şu an**'dadır. Her birimiz 3 zaman dilimini de kullanırız, fakat bir zaman diliminde diğer ikisine göre daha fazla kalırız.

Marilyn Atkinson tarafından tasarlanmış bu tabloda zaman algısının kişinin eylemlerine nasıl yansıdığını görmekteyiz:

GEÇMİŞ	ŞİMDİ	GELECEK
Rehber Eylem	Rehber Eylem	Rehber eylem
Özellikler:	Özellikler:	Özellikler:
*Zaman algısı işlerin nasıl olması gerektiğine yönelik güçlü inançlara bağlıdır.	*Zaman şu an'da olan bir şeydir.	*Gelecek planlaması ve beklentileri vardır.
*Vurgu daha çok "eskiden olduğu gibi" üzerinedir.	*Şu anda en önemli olan "şimdi"dir.	*Geçmiş veya gelecek kaygısı yerine geleceğe ilişkin seçenekler ve planlar eylemlere rehberlik eder.
*Geleneksel olarak alışılmış davranışlar eylemlere rehberlik eder.	*Geçmiş veya gelecek kaygısı yerine güncel konular, ilgi alanları ve duygular eylemlere rehberlik eder.	*Dil genellikle geleceğe referanslıdır.
*Dil genellikle geçmişe referanslıdır.	*Dil genellikle şimdiye referanslıdır.	*Anılar ve gelecek görüntüleri dışarıdan görülme eğilimindedir.

Örnekler: Tutucu olanlar, terapistler ve sanatçılar.	Örnekler: Genellikle sporcular ya da bir işin üreticileri, eylem insanları bu gruba girer. Jung bu grubu "duyumsal olanlar" olarak tanımlar (duygularını şimdiki zamanda kullananlar).	Örnekler: Genellikle filozoflar, yeni fikir geliştirenler, yeni gelişmelerde bulunanlar bu grupta yer alır (Jung tarafından bu kişiler "sezgisel" olarak tanımlanır). Zaman dışı insanlar (zaman dışı yaşayan biliminsanları) bir diğer kategoridir (Jung bu grubu "düşünenler" olarak sınıflar).
İkincil Davranışlar:	İkincil Davranışlar:	İkincil Davranışlar:
*Geçmişe uyarlama eğilimi vardır. "Eskiden olduğu gibi /aynı" olmasının beklendiği zamanlardır.	*Bu an, şimdi önemlidir.	*Geleceğin geçmiş veya şimdiden daha gerçek olduğu zamanlardır. Bazen hedefler potansiyel yoğun alanlara göre belirlenir. *Bu kişi şimdinin nasıl olması gerektiğini zihninde canlandırmıştır. Dolayısıyla yaşadığı an'ı olması gereken, tasarlanmış an'la karşılaştırır ve hiçbir zaman gerçek tatmini yaşayamaz.

Döngü:	Döngü:	Döngü
*Genellikle neden/sonuç karşılaştırmaları, kıyaslamalar ve nedensel ilişkilerle kendini gösterir.	*Genellikle içerik (nerede ve ne zaman) ve yer ile kendini gösterir. Olaylar farklı aşamalardan oluşur ve biriktirilmez. Hepsi tek tek değerlendirilir.	*Genellikle neden sonuç ve nedensel ilişkiler vardır. Gelecek ön plana geçer. Bu zamanın yapısallaştığını ve bir olayın diğerine yol açtığını gösterir (örneğin, neyin önce ve neyin sonra olduğunu fark ederler.)
Süre:	Süre:	Süre:
*Neden/sonuç ilişkisi ve nedensel ilişkiler kurmak zamanın geçtiğini gösteren bir sınıflandırma yöntemidir (zaman hızla akıyor).	*Şimdinin süresi, içeriğe odaklanmak, daha çok zamanı uzatmak eğilimiyle beraber ortaya çıkar (örneğin, bu/bu/bu...)	Gelecek olaylara odaklanmak zamanın akış deneyimini güçlendirir (örneğin süre uzun algılanır).

❖ Tabloda adı geçen Carl Gustav **Jung**, analitik psikolojinin kurucusu, aynı zamanda derinlik psikolojisinin üç büyük kurucusundan biri olan İsviçreli psikiyatrdır.

Buraya kadar anlattıklarımızdan görüyoruz ki, zamanı yönetmek aslında karar vermekle başlıyor, yani yaşamımız boyunca yapmak istediklerimizi ve hedeflerimizi belirleyip; bunları kısa ve uzun vadeli hedefler olarak ayırdıktan sonra, yine bu farklı zamanlı hedeflerimiz arasında da kişisel önem doğrultusuna göre önem derecesi en çoktan en aza doğru sıralamamız gerekiyor. Burada önemli olan bu belirlemeleri yazılı olarak oluşturduğumuz bir tablo üzerinde programlamaktır. Sonrasında da yaptığımız bu hedef tablosuna, yapacağımız çalışmalara harcayacağımız gerekli zamanı saat, gün, hafta vs. şeklinde belirlemektir. Başarılı olabilmenin sırrı düzenli ve programlı olabilmekte gizlidir. Elbette ki hayat sürprizlerle doludur, o an karşılaştığımız bir olay, o günlük tüm programımızı değiştirebilir, fakat önemli olan dengede kalabilmektir. **Örneğin,** düşünün ki o gün yapılacaklar listenizin dışında bir işle karşılaştınız ve o gün de oldukça yoğun bir gün. Burada yapılması gereken, karşımıza çıkan bu işin önem ve aciliyetini doğru değerlendirebilmektir.

Eğer önemli ve acil ise, programımızda ilk sırayı alır, hepsi bu. Programın bazen değişmesi, işlerin kontrolden çıkması, düzenin altüst olması anlamına gelmez. Önemli olan, öncelikli olana doğru karar verebilmektir.

Hedef ve zaman tablomuzu oluşturduktan sonra, önem ve aciliyet konusunda doğru kararlar alıyor olmanın yanı sıra, şimdi yapılması gereken, program üzerinde verimli bir şekilde çalışmaktır. Bu noktada zamanı kaliteli kullanabilmek için "o an'da kalabilmek" büyük önem taşır.

Geçirdiğimiz hiçbir dakikanın tekrarı yoktur. Yukarıdaki tabloda gördüğümüz gibi bazı insanlar geçmişte, bazıları da gelecekte fazla kalarak şimdiyi öldürmektedir. Oysaki elimizdeki en önemli değer "şimdi"dir. Bizi geleceğe taşıyacak olan şimdiki zamanda yaptıklarımızdır, gelecekte beni neler bekliyor diye düşünerek saatler harcamak değil. Hayat uzun bir yolculuktur. Yapmamız gereken bu yolculuğun hakkını verebilmek, tadını çıkarabilmektir. Varılacak noktadan önce yolculuk bizi mutlu etmelidir, çünkü hiçbir zaman varacağımız noktada ne ile karşılaşacağımızı bilemeyiz. Hiçbir şeyin garantisi yoktur. Hayat mücadeledir, işte bu nedenledir ki savaşçı olmak zaferle ilgili değildir. Bazen canın yanar, acının arkasındaki güzelliklerin tadına varabil diye. O sebeple hayat tam da şu an'dadır. Eğer şimdiye odaklanamıyorsak, yaptığımız tabloların, hazırladığımız programların da bir anlamı yoktur. Şimdiki zamanda olmak, başarmak demektir. Başarı, zamanın kullanılma kalitesine bağlıdır. Mutluluk, emekle yetiştirilmiş hayat ağacının en güzel meyvesidir.

Zaman, en yoğun an'larda bile yaratabileceğimiz bir şeydir. Dolayısıyla yapmak istediklerimizi çoğu kez yapamamamızın nedeni, aslında bahaneler yaratmamızdandır, çünkü yapmamız gerekenleri bazı nedenlere bağlayıp yakınmak, bizleri geriletmekten başka bir şeye yaramaz. Bu nedenle hayat, belli bir farkındalığa sahip insanların zamanı ve yaşamını bilinçli bir şekilde yönetebilenlerin tat alabileceği bir süreçtir.

Şimdi de biraz örnek hikâyelere bakalım:

Paranın Ne Önemi Var?

(*Kendi Kutup Yıldızını Bul* adlı kitaptan)
Ünlü düşünür Eflatun, öğrencilerinden birini bir gün kumar oynarken gördü ve onu şiddetle azarladı. Öğrencisi, ortadaki paraları göstererek kendini savundu:
"Fakat çok az parasına oynuyordum hocam," dedi.
Eflatun bu yanıt üzerine öğrencisine bir de ders verdi:
"Kaybettiğin para umrumda değil," dedi. "Ben seni, kaybettiğin zaman için azarlıyorum."

An'ı Yaşamak

Peter, asla o an'ı yaşayamıyormuş. Yaşamın akışından tat almayı bilmiyormuş. Okuldayken dışarıda oyun oynamak istermiş. Dışarıda oyun oynarken, yaz tatilini özlermiş. Peter sürekli olarak hayal kurar ve hiçbir zaman günlerini dolduran özel an'ların keyfine varamazmış. Bir sabah Peter, evinin yakınlarındaki ormanda yürüyüşe çıkmış. Yorulunca çimenlik bir yer bulmuş ve sonunda uyuyakalmış. Birkaç dakikalık derin uykusundan sonra, birinin ona seslendiğini duymuş: "Peter! Peter!" Cırtlak ses yukarıdan geliyormuş. Gözlerini yavaşça açtığında tepesinde dikilen çarpıcı bir kadın görmüş. Kadın belki de yüz yaşındaymış ve kar beyazı saçları omuzlarından aşağıya yün bir battaniye gibi dökülüyormuş. Kadının kırışıklarla dolu elinde ortasında bir delik olan sihirli bir top varmış ve delikten uzun, altın bir ip sarkıyormuş.

Kadın, "Peter," demiş, "bu senin yaşamının ipi... İpi birazcık çekersen, bir saat dakikalar gibi geçer. Biraz daha fazla çekersen, aylar hatta yıllar bile günler gibi geçer." Peter bu keşif karşısında çok heyecanlanmış. *Belki de ona sahip olabilirim*, diye düşünmüş. Yaşlı kadın hemen aşağıya eğilerek sihirli ipi olan topu küçük çocuğa vermiş. Ertesi gün Peter sınıfta huzursuz ve yorgun bir şekilde oturuyormuş. Birdenbire aklına yeni oyuncağı gelmiş. Altın ipi biraz çekmiş ve kendini hızla evde, bahçede oyun oynarken bulmuş. Sihirli ipin gücünü keşfettikten sonra Peter, okul çocuğu olmaktan sıkılmış ve tüm heyecanları ile birlikte bir delikanlı olmak istemiş. Sonra altın ipi tekrar hızla yukarı çekmiş. Birdenbire Elise adlı güzel bir kız arkadaşı olan bir delikanlıya dönüşmüş. Fakat Peter gene memnun değilmiş. An'ın tadını çıkarmayı ve yaşamının her evresindeki yalın mucizeleri keşfetmeyi hiçbir zaman öğrenememiş. Onun yerine bir erişkin olmayı hayal etmiş. Sonra ipi tekrar çekmiş ve uzun yıllar bir an'da geçmiş. Derken kendini orta yaşlı bir erişkin olarak bulmuş. Elise eşiydi ve Peter bir ev dolusu çocuk ile çevrilmişti. Ama Peter başka bir şeyi daha fark etmiş, bir zamanlar simsiyah olan saçları beyazlamaya başlamış. Çok sevdiği, bir zamanlar genç olan annesi artık yaşlı ve güçsüz bir kadınmış. Ama Peter hâlâ an'ı yaşamıyormuş. Şimdide yaşamayı asla öğrenememişti... Sonra sihirli ipi tekrar çekmiş ve ortaya çıkacak değişiklikleri beklemeye koyulmuş. Şimdiyse Peter, gür siyah saçları kar gibi beyazlamış, doksan yaşında bir adam olmuş. Genç ve güzel eşi Elise ise yaşlanıp birkaç yıl önce ölmüş. Harika çocukları büyümüş ve kendi yaşamlarını kurmak için evden ayrılmış. Yaşamı boyunca Peter ilk defa yaşamındaki harika an'ları kucaklamak için hiç zaman ayırmadığını fark etmiş. Çocuklarıyla hiçbir zaman balık tutmaya gitmemiş, eşi Elise ile mehtapta gezintiye çıkmamış.

Bahçeye çiçekler ekmemiş ve annesinin okumaya bayıldığı harika kitapları okumamış. Onun yerine, yaşamında hep acele etmiş ve yol boyunca iyi şeyleri görmek için asla dinlenmemiş. Peter bu keşfinden büyük üzüntü duymuş. Kafasını boşaltmak ve ruhunu dinlendirmek için çocukken gittiği ormana gitmeye karar vermiş. Ormana girdiğinde çocukluğundaki küçük fidanların görkemli birer meşe ağacına dönüştüğünü fark etmiş. Orman da bir doğa cennetine dönüşmüş. Küçük bir çimenlik bulmuş ve derin bir uykuya dalmış. Sadece birkaç dakika geçmiş ki, birinin ona seslendiğini işitmiş: "Peter! Peter!" Peter kafasını kaldırmış, karşısındaki, uzun yıllar önce sihirli altın ipli topu ona veren yaşlı kadından başkası değilmiş. "Sana verdiğim armağandan memnun kaldın mı?" diye sormuş kadın. Peter doğruca cevap vermiş: "Baştan eğlenceliydi, ama şimdi ondan nefret ediyorum. Tüm yaşamım, bana keyfini çıkarma şansı vermeden gözlerimin önünden akıp gitti. Eminim hüzünlü an'ların yanında harika zamanlar da olmuştur, ama benim bunları yaşama şansım hiç olmadı. İçim boşalmış gibi hissediyorum. Yaşam armağanı ellerimden kayıp gitti." Yaşlı kadın da, "Hiç minnettar olmuyorsun," demiş. "Yine de sana son bir dilek dileme şansı veriyorum."

Peter bir an düşünüp telaşla yanıtlamış: "Küçük bir çocuk olarak okuluma geri dönmek ve yaşamımı tekrar yaşamak istiyorum!" Bunu söyledikten sonra derin uykusuna dönmüş. Yine birinin ona seslendiğini duyarak gözlerini açmış. *Bu sefer kim olabilir?* diye düşünmüş. Kafasını kaldırdığında annesinin yatağının kenarında, ayakta durduğunu görünce çok sevinmiş. Annesi genç, ışık dolu ve sağlıklı görünüyormuş. Peter ormandaki o tuhaf kadının dileğini yerine getirdiğini ve onu önceki yaşamına döndürdüğünü anlamış.

"Acele et Peter. Çok fazla uyuyorsun. Şu dakika kalkmazsan, rüyaların yüzünden okula geç kalacaksın," demiş annesi hafifçe azarlayarak. Söylemeye gerek yok, Peter o sabah yatağından fırlamış ve umut ettiği şekilde yaşamaya başlamış.

Şu An'da Düşünelim

- İnsanoğlu yokluktan varlığa yolculuk eder. Mutluluk varış değil, yoldaki mücadelenizle gelendir.
- Dünyadaki insan sayısı kadar UMUT vardır her birimize. Hiç kimse boşuna yaratılmadı.
- Bazı insanlar kendi eksikliklerini, üstünlük maskeleri ile örtmeye çalışırlar.
- Korkuları sınırlandırın, açık kalırsa kapısı büyür gider.
- Gün başladı, hayatın menüsünde neler var bakalım?
- Somut her şey kullandıkça azalır, soyut tüm duygular kullandıkça artar. Bugün yanına hangi duyguyu alacak ve kullanıp arttıracaksın? Günaydın!
- En tehlikeli boyut yanlışa doğru dediğinde başlar.
- Beyin yaşadığı iyi, kötü hiçbir şeyi unutmaz. Sadece zamanla yaşadıklarına verdiği anlamları değiştirir. Buna iyileşme ya da kötüleşme denir.
- Başkalarında düzeltmeye çalıştığınız kendi geçmişiniz olmasın!

- Bir işin sürecini sonucundan çok sevmek lazım.
- Farkındalık gerek: Geçmişte biriktirdiğimiz ne varsa gelecekte onu harcayacağız. Biraz düşünmek lazım: kimlere ne yaptıysak, geleceğimiz belli!
- İhtiyaçlara odaklanalım. Hangi ihtiyaçlarınız karşılanmıyorsa, o konuda hassaslaşırsınız. Sizin hangi ihtiyaçlarınız karşılanmıyor şu sıralar?
- Kendi yönünden hiçbir çaba göstermeden dünyadan çok şey bekleyen insanlar var.
- Çoğu insan arada bir geçici ve mantıkdışı korkular geliştirebilir. Korkmayın!
- İnsanların mutlu olmak değil mutluluğu korumak gibi bir problemleri var.
- İnsanoğlunun en iyi yaptığı şey, beğenerek aldığını ondan sıkılınır hale getirmek.
- Hedefi olmayan insanın psikolojisi bozulur ve uğraşı olmayandan hep fitne çıkar.
- Karanlık bir mağarada yürümektir hayat. Umudun elindeki fenerdir azalırsa karanlık, çoğalırsa aydınlık olur hayat. Umudunuz tükenmesin!
- Sen zamanı eksiltmeyi seçtin, beni sorarsan senden sonra yenilenmeyi seçtim.
- Yarına ne bırakacaksın bugünden?

Başına Benimkinden Farklı Ne Geldi?

Başına benimkimden farklı ne geldi?
Aynı şeyleri yaşamıyor muyuz bir kutuptan diğerine?
Senin olduğun yerde bilmediğim duygular mı var?
Sen de aldatılmadın mı hiç?
Benimki Türkçe, seninki İngilizce...
İkimiz de düştük sokakta, senden akan kanla benimkinin farkı ne?
İkimiz de koşmadık mı her acıdan sonra sevdiklerimize?

Her mutsuz an'ında herkesi mutlu zannetmek koymadı mı sana?
İçini acıtmadı mı gazetedeki tecavüz haberleri?
Seni de yöneten çalmadı mı toprağından, işinden?
Benim de primlerim ödenmedi bilmediğim tarihlerde.

Komşunu öldürmedi mi komşun?
Ne farkımız var cenazelerde?
Seninkileri yakıp kül ettiler, benimkiler toprağa...

Sen karlar altında, ben güneşin alnında,
Sen severken tilkiyi, kurdu; ben doyurdum kedileri.
Bir bir göçmedi mi sen büyüyünce yaşlılar?
Başına benimkinden farklı ne geldi?

Ben ezanlarda Tanrı'ya ulaştım, sen ayinlerde
Aynı Tanrı değil mi diz çöktüğümüz?
Alkışlamadık mı sanatçıları ellerimizle?
Bakıp da hep kendimizi gördüğümüz...

İnsan olmak istedim hep.
Sevmedim kimlikleri,
Ne abi, ne abla, ne doktor, ne hâkim,
Hepsi üzmedi mi zaman zaman...
Bir insan olmak gerekti bu dünyaya.

Seni de bir ana doğurdu bağıra bağıra,
İkimiz de bir kaynaktan sütle büyüdük.
Aşksa aşk, işse iş...
İnsan doğduk ikimiz de, sonrası bir masal...
Biliyorsun değil mi, tüm kimlikler geçici,
Çünkü insanca öleceğiz...

Seninle Oynadığımız Sokaklara Gittim Bugün

Seninle oynadığımız sokaklara gittim bugün,
Köşe başı diye saklandığımız yerlere beton dökmüş büyük amcalar.
Camınızın önünü kapatan ağaçları aradı gözlerim,
Ne saklardı dalları seni, hep kızardım.
Şimdi baktım, kesmişler kökünden büyük amcalar.

Gökhan Kırdar kasetini dinlediğimiz merdiven altına uğradım.
Yürürken unuttum şimdiki yaşımı, geçen 20 seneyi.
Kulaklarımda çınladı fayton şarkısı,
Buraya da konmuş büyük amcalar.

Aslında her yer aynıydı benim gözümde,
İkimizin izlerini kapatmak için renkleri değiştirmişler.
Şekilleriyle oynamışlar duvarların,
Sokağın bile adı başka olmuş,
Çok uğraşmış büyük amcalar.

Hatırlar mısın?
Her buluştuğumuzda, annene söyleyeceğim diyen
Komşu çocuklarını.
İşte onlar büyümüş, zengin olmuşlar,
Mahalleyi satın almışlar.
İkimizin olan her yeri boyamışlar,
Şimdi bir tek ben görebiliyorum eski halini aşkımızın.
Sen yoksun, yok sokaklar.
Bizi korkutup kaçan çocuklar orda kalmış
Yıllar sonra olmuş hepsi büyük amcalar...

Bir Mola Ver Hayata

İki gözle bakıyoruz hayata: İlki dünyalık göz. Bu gözün arkasında kin, çıkar, kıskançlık, beklenti, hırs, intikam, öfke ve kızgınlık var. Bu göz bakar ama sadece her şeyin dışına.

İkincisiyse, sevdalık gözle bakıyoruz hayata. Bu gözün arkasında, sevgi, inanç, merhamet, fedakârlık, anlayış, empati, dürüstlük ve cömertlik vardır. Bu göz hem bakar hem görür.

Birinci gözle görenler, size eğlencelik gözükür, yanımızda tutmak isteriz hemen. Kaplarına sığmazlar, çabuk inandırırlar kendilerine, söz vermekte usta gibidirler. İyi laf yapar ağızları, daha önce nerdeydin hissi verirler. Dışını överler sürekli, sahip olduklarını sayarlar. Son lafı ilkin söylerler, adına da açıksözlülük derler. Yanlışına doğru der, özel zamanından çalarlar. Adına da boş ver, yaşa işte derler.

İkinci gözle görenler size ilkin sıkıcı gelirler, ara sıra görmek istersiniz. Bellidir ne zaman, nerde oldukları, çünkü sakindir dünyaları. Eğlencelik değil faydalıdırlar. Söyledikleri uzun vadede olur, çünkü sabırlıdırlar.

Dost, arkadaş ya da eş olacaksa, sevdalık gözle bakanı bulacaksın. Nasıl bulacağım dersen, ilk önce aynaya bakacaksın. Herkes içindekini bulur derler. Sende yoksa sevdalık gözler, göremezsin. İnsan görmediğini ise bulamaz ya da her bulduğunu gördüğü sanır.

Anasına evlat, dostuna sırdaş mı, hayvanları sever, çocuklara över mi? Çiçeklere su, kuşlara buğday mı? Geçmişinde an'ı, gelecekte ümit mi? Sabahları masum, akşamları yoldaş mı? Sofralarda az yiyen, yollarda çok yürüyen mi?

Eğer böyle ise, sevda ile bakandır, tut elinden, düş peşine...

Çünkü dünyalık bakanlar yolun sonunda olmayacak, sevdalıklar mola yerlerinde.

Bir mola ver hayata...

Vazgeçemezsin Sonra

Tutma sakın, sarılma hep seninmiş gibi her şeye.
Sonsuza dek seninmiş gibi sevme, sev dediklerini,
Vazgeçemezsin sonra, hayatın sonu sanırsın.

Toprağı, erkeği, kuşları, kadını kendinin sanma,
Unutuyor yoksa insan nefes aldığını.
Göremediklerini sev, onlar sadece sana gözükenlerdir.
Herkesin duymadığını dinlediğin an özgür olursun,
Mahkûm olma.
Vazgeçemezsin sonra, hayatın sonu sanırsın.

Tanrı en çok istediğini yasak kılmış sana,
Çünkü çok istedikçe insan, unutur Tanrısını
Bırak seni doğuranı, koruyanı bazen,
Seninle doğacak olanı bekletirsin uzun zaman.
Çok fazla konuşunca sevmez ki seni.
Seni en çok hak eden, seni en çok dinleyen değil mi?

Kimin için kaç defa öldün ki inansın sana onlar.
Kaç defa unutmadın aşklarını? Bunu da unutacaksın.
Durdurmaya çalışma sol tarafında atanı,
Vazgeçemezsin sonra, hayatın sonu sanırsın.
Sen o kadar yalnızsın ki, kim demiş ben seninim diye?
Kaç kere dokunabilirsin ki kendinden başkasına?
Yine aynı son olacak deme yaşadıkça,
Vazgeçemezsin sonra, hayatın sonu sanırsın.

Erkekler kadınlara liman olmayı severler. Kadınlarsa yüklerini boşaltacak limanları iyi seçer, çünkü sürekli demir atmayı sevmezler.

İnsanın kendisinden beklentisinin artma halidir mutluluk. Mutsuzluk ise kendisinden beklentisinin azalıp başkasından beklentisinin artma halidir.

Aslında hayat fısıldıyor sana gerçeği... Ona dokun ve hisset, çünkü bu senin hikâyen! Hayatın güzelliklerini *Dolce Vita*'yla keşfet.

Bu kitabı okumayı bitirdikten sonra unutucaksınız beni, hayatınıza dönüp kaybolacaksınız, çünkü bizim gibiler sessizdir, kimseye anlatamazlar.

Aldatmak erkeklerin doğasında gerçekten var mı? Yoksa erkekleri aldatmaya iten kadınlar mı? Peki ya kadınlar? Kadınlar neden aldatır?

AŞKIM KAPIŞMAK

beni benimle aldatır mısın?

İNKILÂP

AŞKIM KAPIŞMAK

HANGİ ANNE HANGİ BABASINIZ?

İNKILÂP

Çocuğunuz aslında sizin aynanız. Siz hangi anne, hangi babaysanız çocuğunuz da o.

Aşkı, sevgiyi, yalanı, aldatmayı, hoşlanmayı ya da hoşlanmamayı karşımızdakinin beden dilinden nasıl anlarız?

Uzaklaşma, bir dur ve kendin bir söz ver! Önce sadece kendin için bir şeyler yapmaya ne dersin? Gülümse, aynaya bak, konuş, yazı yaz, daha çok oku, inan. Kalbinin anahtarına ulaşınca açamayacağın kapı kalmayacak.

Bil, düşün, yardım et, sev, dokun, yaşa. Her yaşadığın aslında seni sen yapıyor; çünkü mutluluk varış değil, yoldaki mücadelenle gelendir. Bu yolda Kalbin Anahtarı 2 sana rehber olacaktır.